$$L \overset{27}{n} \; 3233$$

HISTOIRE

RECENTE,

POVR SERVIR DE

PREVVE A LA VERITE
du Purgatoire.

CONTRE L'OPINION DES
Caluinistes ; & à l'Immortalité de l'Ame,
contre le sentiment des Athées.

VERIFIE'E PAR DES PROCE'S
Verbaux, dressés és années 1663 & 1664.

AVEC VN ABBREGE'
de la vie & de la mort.

DV SIEVR
ANDRE' BVGNOT
COLONEL D'INFANTERIE.

Par ESTIENNE BVGNOT, Gentil-homme
ordinaire de la Chambre du Roy.

A ORLEANS,
Chez FRANÇOIS BOYER, au
Cloistre S. Croix. 1665.

A ORLEANS,

Chez François Boyer, au

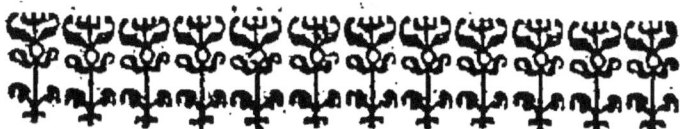

A MONSIEVR

DE VASSAN

ABBE' DE S. MESMIN.

ONSIEVR,

Ce n'est pas sans quelque apprehension que ie prens la hardiesse de vous offrir cet ouurage, auec le recit de cette Histoire : & quoy que cette hardiesse soit vn effet de mon zele & de mon deuoir, neantmoins ie crains de faire temerairement, ce que ie me sens obligé de faire ; & que vous rendant vn hommage si peu proportionné aux auantages, dont le Ciel vous a honoré, ie rabaisse en quelque sorte le prix, & i'obscurcisse l'esclat de vostre merite extraordinaire : Si ie connoissois moins parfaitement vos excellentes vertus, qui rauissent les cœurs, & vous rendent si aymable, ie

ã

EPISTRE.

serois plus content de mes respects : & si
ie pouuois ne voir que la moitié de vos
belles qualitez, ie serois plus satisfait du
deuoir que ie vous rends. Mais cette pu-
reté si Chrestienne qui regne tousiours
dans vos meurs, & cette fermeté ine-
branlable en toutes vos actions, qui sont
les tesmoins de cette sublime vertu, qui
regle & conduit tous vos desirs, & la
part qui vous est deuë pour l'auancement
de celuy, dont ie vous presente l'Histoire
si admirable & suprenante, neantmoins
tres-veritable, m'obligent à ces recon-
noissances ; & i'estimerois meriter vos
disgraces, si ie la voüois à d'autre qu'à
vous. Que s'il s'en trouue qui nous porte
enuie, pour vous en auoir donné vn aueü
par ce petit tesmoignage de mon zele, il
poura sortir de ialousie, quand il sçaura
que c'est vous (Monsieur) qui, aprés la
resolution prise par ses parens & les
miens, eut la bonté de le receuoir en vostre Compagnie, pour commencer son premier voyage en Alsace, lors qu'il n'estoit
encore aagé que de douze, à treize ans,
tant pour s'accoustymer à la langue du
païs, que pour y apprendre ses exercices,

& y faire ses premiers apprentissages
au fait des armes: si bien que s'il s'est
comporté depuis en braue, s'il a deffié
les hazards, s'il s'est tiré glorieusement
de cent Sieges & Combats, C'est (à vous)
aprés Dieu qu'il a deu rapporter ces
auantages. Que dis-ie ? s'il a aymé la
vertu iusqu'à la preferer aux interests
temporels, s'il a vescu dans les maximes
du Christianisme au milieu des Armées,
s'il a fait mentir le prouerbe commun,
& s'il est mort dans vn abandon tout
entier de luy mesme, entre les mains de
son Createur, ie puis dire sans flatter,
qu'il vous en est en partie redeuable, &
que les asseurances qu'il a donné de son
bonheur Eternel aprés sa mort, vous doiuent estre autant glorieuses qu'elles luy
sont auantageuses; & d'autant que ce
recit a besoin d'vne grãde authorité, pour
passer dans l'approbation vniuerselle,
vous deuez seruir d'appuy à cette Histoire, & authoriser vne verité, dont
les plus incredules demeureront persua-
dez & conuaincus, & confesseront auec
moy qu'ils doiuent plustost porter enuie à
vne mort si precieuse, qui a esté precedée

EPISTRE.

d'vne vie si glorieuse. Si les grandes
Ames ont coustume en cet aage, de suc-
comber auec les Alexandres sous le poids
des Lauriers & des Palmes, pour en
estre couronnez; Certes celuy-là a beaucoup vescu, qui a sçeu moissonner des
Lauriers, auant que la mort l'eust rauy
dans le printemps de son aage. Mais c'est
vous (Monsieur) qui après Dieu l'en
pouuez couronner, si vostre authorité sert
de protection à son Histoire. Ie vous la
demande par l'etroite alliance que vous
auez iuré depuis longtemps auec vostre
famille, laquelle me iette dans d'éter-
nelles obligations de me dire à iamais

MONSIEVR,

Vostre tres-humble, tres-
obeissant & tres-obligé
seruiteur.
E. BVGNOT.

IL n'y a rien de plus naturel à
l'homme, que le desir de connoistre : c'est la premiere passion qui occu-
pe son esprit : les fols en sont atteins
aussi bien que les sages. C'est vn ver
qui ronge les esprits ; vne demangeai-
son qui tourmente indifferemment les
impies & les vertueux ; vne maladie
qui vnit le plaisir & la douleur, en la
personne de ceux qu'elle possede ; le
Pere des croyans s'attriste par les mou-
uemens de la nature dans le Sacrifice
de son Fils, & son cœur se dilate de
joye par l'intention de la grace : son
obeïssance luy cause de l'allegresse, &
son inhumanité l'afflige. Or mon cher
Lecteur, vous allez remarquer cette
alliance de passions, dans le sujet que
ie vous presente, vous verrez que Dieu
reçoit vne ame en sa grace Eternelle, &
cependant il la chastie, l'Ame entre
dans l'amitié de Dieu, & neantmoins

elle reſſent ſes verges ; voylà la joye,
& la douleur ; le deſir inſatiable de
jouïr de Dieu ; emporte vne Ame aux
mugiſſemens & gemiſſemens , & Dieu
differe l'accompliſſement d'vn teſtament ; pour rendre cete Ame plus
pure deuant ſes yeux , & la rendre digne de le poſſeder Eternellement, voylà la quietude & inquietude.

Ie ne doute pas mon cher Lecteur,
que la lecture de cette Hiſtoire n'agite
dans l'abord voſtre eſprit de ces meſmes paſſions , mais comme la raiſon
vous eſt donnée pour en faire le diſcer-
nement. I'eſpere que ſa grace vous fai-
ſant connoiſtre la verité, vous fera laiſ-
ſer l'aueuglement , pour embraſſer la
lumiere qui vous eſt preſentée tres-
claire par la clarté des procez verbaux,
qui ont eſté dreſſez pour Eclaircir cette
verité. Et afin qu'elle vous donne plus
de iour , ie vous eclaireray d'vn flam-
beau qui m'a eſté enuoyé ſur ce ſuiet,
par le P. D. Gabriel Bugnot Religieux
Benedictin de la Congregation de S.
Maur , répondant au ſuiet de ce que ie
luy en auois écrit.

Le grand nombre d'histoires que l'on
fait des apparitions des Ames aprés
leur mort, est la cause principale, pour
laquelle il y a si peu de personnes qui
se laissent persuader & conuaincre de
cette verité, qu'il y a des Ames qui
pour de bonnes raisons reuiennent &
apparoissent, ou parlent aprés leur
mort, auec la permission de Dieu, faueur que Dieu leur octroye pour quelque merite particulier, ou si on se laisse
persuader à force de raisons, par la
quätité ou qualité de tesmoins irreprochables, on dit aussi-tost que suiuant le
sentimét de l'Apostre ces demons qui
habitent dans les airs, se transforment
souuent en anges de lumieres, afin d'a-
buser par telles illusions les Ames trop
simples & trop credules. I'auoüe que
l'euenement d'vn fait si extraordinaire,
dont vous me faites le récit, auoit tenu
mon esprit dans vne suspension & perplexité, iusqu'à ce qu'enfin, ie me vois
conuaincu d'vne verité si sensible. Et ie
me sens à present obligé de donner les
mains, & de souscrire à vne verité
qu'on ne peut plus reuoquer en doute,

à moins que de passer pour Escholier d'Anaxagoras Maistre des Athées, & de disciple de Caluin, qui tasche de persuader à ses sectateurs de ne point admettre de milieu entre le Ciel & l'Enfer, nonobstant ce qu'à pû dire l'Apostre saint Paul, en sa premiere aux Corinth Chap. 3. qu'aprés cette vie les œuures d'vn châcun seront eprouuées & epurées par le feu, *vniusquisque opus quale sit, ignis probabit, ipse tamen saluus erit, sic tamen quasi per ignem.* Paroles que S. Ambroise & S. Augustin interpretent du lieu, que la saincte Eglise apelle assez apropos Purgatoire, où les ames sont purifiées, comme dans le Creuset, parceque rien de soüillé n'entrera dans le Ciel. *Tamquàm aurum in fornace probauit illos.* La raison est, que le peché, dit la Theologie, estant vne auersion de Dieu, & vne conuersion vers la Creature, il enferme la coulpe pour le premier, & la peine pour le second, auquel si on ne satisfait en cette vie par la penitence, il faudra nonobstant que le peché soit remis quand au premier, satisfaire au second

aprés cette vie, par les épreuues d'vn
feu surnaturel, & par vne separation
temporelle du Createur & souuerain
bien : aprés quoy les ames purifiées,
pourront dire auec vn Prophete, *igne
me examinasti, & non est inuenta in me
iniquitas*, vous m'auez purgé par le feu,
& à present il ne me reste plus aucune
tache. Verité qui n'est pas seulement
soustenüe & confirmée, parmy les
Chrestiens, mais qui fut encore si bien
receüe parmy les Hebreux, que Iudas
-Machabée alla en Ierusalem, auec vne
somme d'argent assez notable, pour
faire prier Dieu pour les defunccts.
  Bien que ces verités semblent porter
dans les Esprits vne conuiction tres-for-
te, & que d'ailleurs la verité qui porte
son authorité, n'ait pas besoin de deffe-
seur : neantmoins comme elle aura des
aduersaires iusqu'à la consommation
des siecles, & qu'il se trouuera des Cri-
tiques, pout impugner ce qui est plus
clair que le iour ; vous ne deuez pas
estre beaucoup surpris, qu'vn fait si
extraordinaire comme est celuy-cy,
quoy que tres-verifié soit peut-estre

contredit & reietté par les incredules,
veu que la Resurrection de nostre Re-
dempteur tant de fois predite aux Dis-
ciples, & si clairement annoncée par
les Maries, leur à ce nonobstant semblé
vne folie & resuerie de femmes, & qu'il
a esté necessaire pour la confirmer, que
nostre Sauueur se soit manifesté diuer-
sesfois, & monstré Palpable pour leur
faire croire, & soûmettre leurs sentimens à vne verité qu'il leur auoit tant
de fois predit : il faudroit de mesme
pour la conuiction, de ceux qui ne soû-
mettent leur credulité qu'à leur sens,
que les mesmes ou semblables apparitions & terreurs leur auinssent, comme
est arriuée celle-cy; encore s'en trouue-
roit-il, comme il est dit dans S. Luc,
neque si quis ex mortuis resurrexerit,
credent : il faut donc suiuant le sentiment de S. Paul aux Romains tenir
pour certain, que telle incredulité ne
ruinera & ne blessera aucunement la
verité, *nunquid incredulitas illorum fi-*
dem Dei euacuabit? absit. A Dieu ne
plaise, la verité sera tousiours triom-
phante.

I'ay rapporté mon C. L. tout ce difcours pour premunir les vns & preue-
nir les autres, & vous leuer tous les
doutes que vous pouriez auoir, dans la
fuite de cette lecture, que i'expofe à
vos yeux, laquelle neantmoins fans
l'exact Examen qu'on en a fait, par
l'ordre de mon tres - digne Prelat
Monfeigneur l'Euefque de Chaalons
fur Marne, pouroit eftre mife au nombre des comptes fabuleux, & fi mes
refmoins qui font encore pleins de vie
(à la referue de la fille feruante, à laquelle la premiere apparition fut faite
en mon Iardin, comme la fuite vous
apprendra, laquelle eft morte peu de
temps aprés dans la mefme année) n'é-
ftoient mes garans, & en eftat de confirmer par leur propre bouche, ce
qu'on auroit peine de croire à ma feule
relation, c'eft donc où ie renuoye ceux
qui doutent d'vn fait fi extraordinaire.

Que fi la mort de ce Caualier, mon
Cher Lecteur vous furprend, admi-
rez le fouuerain Auteur de la vie
de celuy dont ie vous prefente vn
Abbregé, & loüez auec moy le diftri-

buteur, de tant de graces qui n'a pas
encore fouftrait à fes Creatures fes faueurs. Que fi le difcours vous femble
mal poly, & n'y eft pas fi charmant,
cherchez icy la fimple verité, & con-
fiderez que l'Auteur qui vous prefente
ce difcours, a plus porté la plume fur le
Chapeau que dans la main, & qu'ayant
fait vn exercice pendant ma ieuneffe
autre que celuy que i'entreprens, vous
ne deuez eftre offenfé d'vn ftile fi peu
recherché : ce fera cette mefme raifon
qui vous fera excufer la faute que i'ay
commife en diuers endroits, où ie parle
en troifiéme perfonne, d'autant que ie
ne m'en fuis aperçeu qu'aprés l'impref-
fion, & qu'ayant changé mon deffein
de faire parler vn autre que moy, ie de-
uois en changer la façon & maniere de
parler.

(o)(o)*
(o)
*

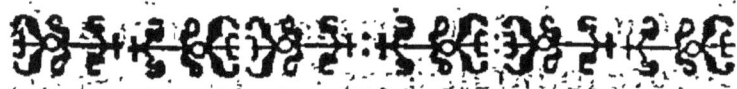

TABLE
DES CHAPITRES

TABLE.

TABLE.

ABBREGE'
DE LA VIE
ET DE LA MORT
DV SIEVR ANDRE'
BVGNOT.

CHAPITRE PREMIER.

Ses Anceſtres, ſa Naiſſance, ſon Education.

ANDRE' Bugnot prit naiſſance en la Prouince de Champagne, en la Ville de S. Diziers qui confinne au Barrois elle eſt petitte, mais ſi bien munie & ſi auantageuſement ſituée bref ſi fecon-

A

de en braues que non feulement elle
foutint plus de trois femaines le fiege
de Charlequint auant mefme qu'elle
fut remparée, mais encore plufieurs de
fes Cytoyens fe font acquis de la re-
putation dans les armées : Au rang
defquels on doit mettre auec iuftice
André Bugnot puis qu'il a rendu illuftre
fon pays & fa race, autant & plus que
tous les deux ne l'ont honoré.

Il fortit de parens nobles & recom-
mandables, felon les qualitez que le
monde eftime, & viuans dans la Reli-
gion Catholique. Il defcendoit de ce
Melchifedech Bugnot, le pourtraict
du quel fe trouue dans l'Hiftoire des
Ducs de Bourgogne qui eft entre les
mains de Monfeigneur le Duc d'E-
pernon, & luy fous Charle le Hardy
dernier Duc de Bourgogne & Comte
de Flandres, eftoit Secretaire d'Eftat
& fon premier Confeiller, lors que ce
Prince fut tué deuant Nancy, où il
auoit mis le fiege. Suiuoit en droite
ligne Nicolas Bugnot Gouuerneur du
Chafteau de Ioinuille & des bois d'Ef-
claron, pour le Roy de Sicile & Duc

de Loraine. Et puis grand Iean Bugnot gouuerneur pour le Roy d'Arſilly
en Bourgogne où il eſt inhumé. Suit
Iean Bugnot Preuoſt de la principau-
té de Ioinuille, & Hugue Bugnot Secretaire du Duc d'Aumale. Ce dernier eut quatre fils Ieróme, Claude,
Caſar, & Charles, & ces trois der-
niers épouſerent trois ſœurs au retour
de leurs campagnes. Charles qui eſtoit
cadet ayant quitté ſes eſtúdes dés ſes
premieres années, & preferé l'exercice des armes à celuy des écoles,
épouſa à l'aage de vingt ſix ans Damoiſelle Elizabeth Guenet agée ſeulement de quinze ans. André Bugnot
fut le ſeptiéme enfant qui naquit de ce
mariage. Ce fut le cinquiéme de Mars
mil ſix cens vingt ſept: & le ſeptiéme
il receut le Saint Bateſme.

Son naturel dés ſon enfance eſtoit
obligeant, doux, accort, & pourtant
genereux. Dés l'aage de cinq ans il ap-
prit à lire en l'Abbaye de S. Dizier
où il avoit vne tante Religieuſe.
Eſtant aagé d'enuiron ſept ans comme il ioüoit dans vne ſalle il ſe prit la

iambe dans vne tapisserie troüée, se
la rompit, mais il fut si bien pensé
qu'il ne s'en sentit iamais depuis; on
remarqua lors vne constáce & patience
dans la violence du mal, laquelle sembloit au dessus de son aage.

En l'aage de neuf ans il fut ennoyé
de ses parens pour estre instruit dans
les belles lettres, & eleué en la pieté
chez les R. R. Peres Iesuittes de Chaalons sur Marne, où il s'auança tellement qu'a sa treziéme année il fut iugé
capable de la Retorique. Pendant les
premieres années de ses estudes il plut
à Dieu de retirer son pere de ce monde, & permit que sa mere par vn second mariage changeast les bons des-
seins de son pere, & que par la per-
suation d'vn beaupere accoustumé
aux exercices de la guerre il fust diuerty de la continuation de ses estudes
pour s'adonner tout a fait aux armes:
Profession qui sembloit opposée à ses
inclinations qui avoit tousiours esté a
la vie religieuse dans la retraitte d'vn
cloistre, où ses premiers desirs s'e-
stoient tousiours portez. Et ses parens

iugeant de son inclination au bien &
de la douceur de son naturel, que cette vie luy seroit auantageuse, veu
qu'ils auoient encore plusieurs gar-
çons pour le monde, l'auoient voüé
à Dieu & luy auoient retenu vne place dans l'Abbaye des Bernardins de
trois fontaines fort considerables dans
le pays : A quoy il s'accordoit volon-
tiers à condition qu'auparauant il a-
cheüeroit ses estudes. Mais Dieu en
voulut disposer autrement comme ie
vas dire en suitte.

CHAPITRE II.

Ses premiers exercices & progrez dans
les Armées.

LA liberté si naturelle à l'homme
fit facilement resoudre André
Bugnot dans toutes ces côionctures, à
suiure les ordres du Sr. des Fontaines
son beaupere qui le destachant de l'a-
mour de ses parens le conduisit en Alsace pour faire son apprantissage dans

le meſtier des armes parmy les François & Allemans. Mais auparauant il
fut enuoyé en la Ville de Haguenau
en Alſace pour apprendre la langue
Allemande. Il auoit pour compagnon
ſon cadet Louis Bugnot qui ne pro-
mettoit pas moins, & qui dés ce bas
aage n'auoit rien qui reſſentit l'enfant.
Mais ſa maladie l'ayant obligé de retourner peu de temps aprés au pays
il y mourut auec le regret de tous
ceux qui en auoient conceu de hautes
eſperances. Cependant André Bugnot
s'en alla à Straſbourg pour ſe perfe-
ctionner en la langue; & puis il prit
reſolution de ſe jetter dans les trouppes eſtant ſeulement aagé de quatorze
ans.

A cet effet il s'achemina à Sauergne
où le regiment d'Azonuille eſtoit en
garniſon, dans lequel le Sieur des
Fonteines ſon beaupere commandoit
vne compagnie d'Infanterie. Là il
commença les exercices de Mouſque-
taires, & y paſſa deux ans entiers, au
bout deſquels eſtant entré dans la ſe-
ziéme année de ſon aage il fut com-

mandé auec d'autres du mesme regiment pour aller garder la Ville de Philisbourg, où après deux ou trois mois de garde l'ordre du Roy les fit aller en Ville de Mayence en garnison, où commandoit pour lors en qualité de Gouuerneur. Monsieur le Vi-Comte de Corual ; lequel ayant au bout de quelque temps reconnu les bonnes qualitez d'André Bugnot, luy donna la charge d'Enseigne dans vne compagnie de ses Dragons, qui estoit dans cette place en garnison.

Ayant exercé cette charge l'espace d'vne année, auec autant de generosité que d'adresse ; Et dans cette exercice ayất fait quelques prisonniers d'importance sur les ennemis, il fut recompencé de la Lieutenance de la mesme Compagnie Alors Bugnot continuant ses beaux exploits de guerre, le Vi-Comte de Corual, luy obtint du Roy le gouuernement du Chasteau, d'Offen situé sur les terres de l'Electeur de Mayence ; Ce fut en l'an 1647. Voilà les progrés que il fit en cinq ou six ans, ce jeune & braue Soldat, qui se rendoit

recōmandable aux petits & aux grands,
mefme à fes ennemis qu'il traitoit lors
qu'ils eftoiét fes prifonniers de guerre,
comme fes meilleurs amis , s'efforçant
de ferendre complaifant à tout le monde fors où il y pouuoit auoir de l'offen-
de Dieu.

CHAPITRE III.

Ses Meurs dans la vie de Soldat.

C'EST vne erreur qui eft ordinaire aux géns de guerre, de fe perfuader, qu'on ne peut pas marier la valeur auec la vertu, & la crainre de Dieu
auec l'exercice des armes. La grande
liberté que les Armes donnent aux Soldats, auffi bien que les mauuais exem-
ples fembleroit verifier cette erreur,
fi le contraire ne fe récontroit quelque
fois dans quelques particuliers qui tâ-
chent d'eftre honneftes hommes, non
feulement felon le monde , mais bien
plus felon Dieu, bref qui font mentir
le Poëte, quand il a dit, qu'il ne falloit

attendre ny foy ny pieté de ceux qui
font fous les armes, *nulla fides pietaſq;*
viris qui caſtra ſequuntur. He quoy !
n'a t'on pas veu vn Dauid, vn Iudas
Machabée, & dans noſtre France vn
Pepin, vn Charlemagne, vn S. Louys,
vn Comte de Prouence S. Elzear, mé-
me quelqu'vns de noſtre ſiecle (encore
qu'ils y ſoient quaſi auſſi rares que le
Phœnix) ſe porter au combat auec des
cœurs de Lions, d'ailleurs entierement
eſloignés des vices trop communs aux
gens de guerre? leur plus fortes armes
eſtoit l'oraiſon accōpagnée de ſes cir-
conſtances, n'attēdans la victoire que
du bras du Seigneur, des armées pour
la cauſe du quel ils combattoient, &
expoſoient leur vies. Ils puniſſoient le
vice, & par leur exemple incitoient à
la vertu, Dieu ſecondoit leurs deſirs
par les heureux ſuccez de leurs armes.

Bugnot entroit dans ces mémes ſen-
timens, & pour peu éclairé qu'il fût
dans le bruit & parmy la fumée des
canons, il ne laiſoit pas de ſe ſouuenir
des bons preceptes qu'il s'eſtoit impri-
mé auec l'eſtude des belles lettres, &

tâchoit à eftre honnefte homme, autant felon Dieu que felon le monde; ce
qui luy faifoit aimer la vertu, & fuir le
vice, fans qu'vne complaifance crimi-
nelle, aye iamais extorqué de fon con-
fentement aucune action baffe & indigne d'vne ame forte, fi bien que s'il
eftoit obligé de fe diuertir dans les
compagnies, ce n'eftoit point pour s'y
abandonner à ces defbauches, ou aprés
auoir beu & mangé iufqu'à regorger,
il ny a impureté, impieté & facrilege,
ou l'on ne s'abandonne, comme fi l'on
ne fe pouuoit diuertir que par vne derniere infolence. Il n'eftoit nonplus du
nombre de ces brutaux qui dans les af-
fouts des Villes fe iettent, comme des
loups fur les agneaux, ne pardonnans
non plus à la pudicité des vierges qu'à
l'honneur des mattones, portans mé-
me leurs mains facrilegues iufques fur
les faints Autels.

S'il fe trouuoit engagé d honneur
dans les duels pluftoft pour feruir fes
amis que pour fa propre querelle (puis
qu'il s'efforçoit de n'offenfer perfonne)
il employoit tout fon credit à les re-

concilier, & ſe rendre les deux parties
pour amis, pluſtoſt que de s'expoſer à
vne telle rage, qui ne peut auoir pour
inuēteur que le demon auſſi fut il tres-
ſeuere à punir ceux qui eſtans ſous ſon
commendement oſoient par ces duels
côtreuenir aux loix de Dieu & du Roy:
Tant il tâchoit à ioindre la pieté auec
la valeur. D'où vient qu'il s'appro-
choit des Sacremens, non point comme ſes ſoldats qui pour ne pas vouloir
quitter le peché d'habitude, paſſent les
années entieres, & meſme pluſieurs
ſans s'en approcher, mais comme il
n'auoit aucun vice haditu el, il s'appro-
choit les grandes feſtes des Sacremens,
comme vray enfant de l'Egliſe, afin
d'y receuoir des forces ſpirituelles,
pour reſiſter au mal dans les occaſions,
qni ne ſont dans cette condition que
trop frequentes, mariant ces deux vertus qui ſe treuuent trop ſouuent ſepa-
rées dans ces perſonnes, qui ne font
mettier que de la guerre. Bref il faiſoit
en ſorte par où il paſſoit, que le pay-
ſant ne fuſt aucunement foullé & beaucoup moins pillé.

Tant de bonnes inclinations, & de vertus iointes auec son naturel doux & accort, chose assez rare en vn soldat, le firent considerer tousiours de tous ses Generaux, comme on verra dans la suitte de son Histoire. Et tant de bonnes qualitez se connoissoient, mesme en sa Phisionomie ; car sur son visage paroissoit vne douceur mariée auec la valeur ; Et s'il estoit auantagé de la nature, pour sa haute mine, il ne l'estoit pas moins pour le reste du corps ; sa taille estoit des plus hautes, mais tresbien proportionnée, son poil estoit chastain tirant plus sur le noir ; il auoit les yeux pers, le leures vn peu grosses, le visage plain, sans aucune affectation molle, & indigne d'vn grand courage, mais à vray dire où Mars se trouuoit marié auec les graces. Tant de belles qualitez luy acquirent tellement les bonnes graces de Monsieur de Corual, qu'il ne pouuoit estre sans luy. C'estoit le depositaire de ses secrets, & son plus grand Confident dans ses resolutions ; il vouloit que sa table, ses carosses, ses cheuaux, ses

domeſtiques fuſſent partages entr'eux
deux. Et vn iour Bugnot s'eſtant retiré
de ſa table, craignāt de luy eſtre impor-
tun, il alla luy meſme le chercher, & ne
put qu'il ne luy en témoignaſt quelque
petit reſentiment : il voulut meſme
que ſon Neueu fiſt ſon aprentiſage
ſoûs ſa conduitte : Et le fit enſuitte ſon
Lieutenant, deſirant qu'il fuſt entierement dependant de Bugnot, qu'il ne
conſideroit pas moins que s'il eut eſté
ſon fils; auſſi Bugnot n'abuſa iamais de
cette affection, mais il la ſçeut ſi bien
menager & entretenir, qu'aprés la
mort du Sr. Vi-Comte, le Sieur de Ma-
ſancour ſon Neueu, le conſidera autant qu'auoit fait ſon Oncle, comme
ie diray ailleurs.

Ie me ſouuiens qu'enuiron ce temps
là, Bugnot ayant obtenu la permiſſion
de faire des recruës iuſqu'à Paris, afin
de voir tous ſes parens, & meſme ſon
frere Religieux Benedict qui demeuroit alors en l'Abbaye Royalle de S.
Denis, où il eſperoit auſſi rencontrer
ſon proche parent Dom Gabriel du
meſme Ordre, & ne l'y ayant trouué,

il voulut paſſer outre & venir iuſqu'au Perche, où il demeuroit : Ce
qu'il auroit executé s'il n'en auoit eſté
diuerty par ſon Frere le Religeux, qui
iugeoit n'eſtre pas à propos d'alonger
ſon voyage parce qu'il auoit paſſé
beaucoup de temps à viſiter tous ſes
parens diſperſés par la Champagne, ce
qui auroit pû mettre enpeine, Monſieur le Vi-Comte de Corual, par l'a-
ueu de qui Bugnot accompagné d'vn
autre *Gentil-homme* auoit entrepris
ce voyage. C'eſt pourquoy il ſe con-
tenta de luy témoigner par vne lettre
ſes ciuilités & inclinations. Ce que ie
rapporte, quoy qu'en apparence de
peu de conſequence, pour faire voir
ſon naturel à l'endroit de ſes proches.

CHAPITRE IV.

Sa valeur à ſouſtenir vn Siege au
Chaſteu d'Offen.

ANdré Bugnot eſtoit âgé enuiron
de vingt ans au plus, quand il
obtint le gouuernement du Chaſteau
d'Offen. Ce fut là qu'il fit pareſtre

tout de nouueau la grādeur de son courage, faisant de continuelles sorties, &
des courses de iour en iour dans le païs
des ennemis ; qu'il trauailla de telle
sorte, & incommoda tellement pendant l'espace de deux ans qu'il com-
menda dans ce Chasteau , qu'il les
obligea auec tout le païs à cōduire des
troupes deuant ce Chasteau , & d'y
mettre le Siege dans le temps que l'armée du Roy commandée, pour lors
par le Maréchal de Turene seroit oc-
cupée. Ce qu'ils executerent auec tant
de chaleur durant trois semaines que
tint le Siege, que Bugnot Gouuerneur
du Chasteau , voyant ses munitions de
guerre toutes consommées dans la resistance qu'il faisoit , & se considerant
sans aucun espoir de secours, se rendit
par vne composition honorable ; &
voulut estre conduit luy & ses gens
auec bonne escorte , iusques dans la
ville de Mayence , où Monsieur de
Corual Gouuerneur de la ville le reçeut auec des caresses & des témoig-
nages de sa valeur.

Cette mesme année 1649. le Sieur de

Corual voulant honorer & reconnoi-
ftre cette valeur, luy donna vne
Compagnie d'Infanterie dans fon Regiment, & à fon Neueu la Lieutenance. Bugnot demeura dans cét employ,
iufqu'à la conclufion de la Paix d'Allemagne, fans abandonner vn feul iour
le Regiment, que pour fe fignaler fur
les ennemis: les Mecœnas font les Poë-
tes, & vn General qui fçait reconnoi-
ftre la valeur, contribuë beaucoup au
courage de fes Soldats; quoy que ce ne
fuft pas ce qui donnoit plus de cœur à
Bugnot qui ne pouuoit degenerer de la
vertu de fes anceftres, il receuoit pourtant ces graces, comme vne partie de
la recompence deuë à fa valeur, & autant que fes Generaux fe montroient
liberaux & magnanimes dans leurs re-
compences, & fur tout en l'honneur
qui rendoient à fa vertu, autant s'eftu-
dioit-il à fur monter toutes ces faueurs
par fon courage.

* *
*

CHA-

CHAPITRE V.

Sa generosité en diuers lieux & com-
bats, il assiege & prend Tonne scha-
rante, en est fait Gouuerneur.

LA paix entre le Roy & l'Empereur , estant concluë à Munster
entre les Plenipotentiaires , & publiée
dans la France , comme dans l'Allemagne, le Sr. de Corual receut ordre du
Roy, de faire passer son regiment en
France : & s'estoit la septiéme année,
que le Sieur Bugnot seruoit son Roy
dans les frontieres de l'Allemagne, sans
estre retourné qu'vne seule fois en
France , pendant tout ce temps là ,
pour faire des recriies. Le regiment entré qu'il fut sur les frontieres fit seiour
quelque temps dans le Comté de
Bourgogne; mais il ne se passa rien cette année qui fust considerable.

L'année suiuante 1650, le Roy commanda au regiment de se ioindre à l'armée du General Rose, qui n'eut d'au-

B

tre employ que de feruir de camp-volant, iufqu'au Siege de Rethel, où il
fuft commandé de fe ioindre à l'armée
du Maréchal du Pleffis, pour donner
la bataille au Marefchal de Turenne,
qui pour lors combattoit pour les ennemis de la France. En ce combat le
Vi-Comte de Corual fut tué à la tefte
de fon regiment, eftant alors Lieutenant General de l'armée. Ce qu'eftant connu du Sieur Bugnot, il prit
la place du Vi-Comte, & s'acquitta
parfaitement de ce deuoir, combattant courageufement à la tefte du regiment, où il eftoit auec le Sieur de
Mazancourt fon Lieutenant Colonel,
& foutenant au peril de fa vie, l'honneur du regiment où il auoit efté efleué de degré en degré, par ce grand Capitaine qui luy auoit iufques alors feruy de Pere, & dont il honora depuis la
mort par fes regrets & de fes larmes, &
l'auroit honorées s'il euft efté befoin de
fa vie, tant il fe montroit reconnoiffant
de fes faueurs.

Aprés la mort du Vi-Comte de Corual, le regiment fut donné au Sieur de

Mazancourt son Neueu, lequel aussi-
tost pria le Sieur Bugnot d'accepter la
charge de Lieutenant Colonel en ce
mesme regiment, dont il estoit auparauant premier Capitaine.

En l'année 1651 le Sieur Bugnot qui
estoit tousiours au-dessus des hazards
de la fortune, seruit auec le regiment
dans l'armée du Mareschal de la Ferté
Senneterre, où il se comporta selon sa
generosité ordinaire, brauant par tout
les hazards, & deffiants les destins.

En l'année 1652. les troubles ciuiles
continuant en France, le regiment receut ordre du Roy d'aller en Guienne
se ioindre à l'armée, que Monsieur le
Comte d'Harcour commandoit en la
poursuitte de Monsieur le Prince. Et
peu de temps aprés André Bugnot receut ordre de se jetter auec des trouppes dans Tonnes-Charante Ville du
Poitou. A quoy obeïssant il se rendit
maistre en bref de la place de laquelle
le Comte d'Harcour le fit gouuerneur,
& il demeura dans ce gouuernement
iusques au temps que toute la Prouince se remit en son deuoir, & se soumit

CHAPITRE VI.

Suitte des hazars encourus & des beaux exploits faits par le Sieur Bugnot.

EN l'année 1653 le Sr. André Bugnot qui commandoit le regiment eut ordre d'aller ſeruir en Languedoc ſous Monſieur du Pleſſis-Bellier. Ils y reprirent quelques places qui s'eſtoient ſouſtraittes de l'obeïſſance du Roy. Bugnot s'eſtant acquitté à ſon ordinaire de ce deuoir reçoit commandement exprex de tirer vers le Rouſſillon auec le regiment, & paſſer de là en Catalogne, où ſe rendit auſſi le Sieur de Mazancourt pour eſtre à la teſte de ſon regiment qui fut commandé d'aſſiſter au ſiege de Caſtillon. Pendant ce ſiege les ennemis firent pluſieurs ſorties ſur l'Armée Françoiſe, leſquelles ayant eſté ſouuant ſoutenuës, & repouſſées, enfin il arriua

qu'en vne de ces sorties ; le Sieur de
Mazancourt qui combattoit auec le
Sieur Bugnot à la teste du regiment,
fut tué, & Bugnot tousiours plus grand
que sa fortune eschappa du peril. Alors
le regiment fut donné au Mareschal
d'Oquincourt Vice-Roy de Catalogne : & Bugnot le commanda en qualité de premier Capitaine.

L'année suiuante 1654. le Mareschal
d'Oquincourt commandant encore
l'armée de Catalogne, le Sieur Bugnot
luy donna des preuues de son courage,
& de sa prudence au fait des armes, faisant connoistre sa valeur dans toutes
les occasions où il fut commandé de se
porter : mais particulierement lors
qu'il repoussa si vigoureusement les
ennemis proche de *Gironne* , qu'en
suitte il l'assiegea ; & se comporta si
vaillamment dans ce Siege, que le Sr.
Mareschal Vice-Roy luy en tesmoig-
na des satisfactions & des caresses tres-
particulieres : car les ames genereuses
ayment leurs semblables , & ont de la
complaisance à les congratuler.

CHAPITRE VII.

Diuers exploits de guerre, que fait Bugnot, tant en Catalogne qu'en Italie.

L'Année suiuante 1655. Monsieur le Prince de Conty se porta en Catalogne, pour commander l'armée de Sa Majesté Tres-Chrestienne en qualité de Vice-Roy, & General de l'armée, le Mareschal d'Oquincourt ayant esté rappellé en France. Son regiment qui luy auoit esté conserué, nonobstant son retour seruit quelque temps sous les ordres de ce Prince, & les ennemis ayant fait dessein d'attaquer la ville de Rose, Bugnot receut ordre d'entrer dans la place auec ce regiment qu'il commandoit; ce qui se fit si promptement & si à propos, que l'attaque des ennemis fut inutille, parce qu'enfin ils se trouuerent obligés de leuer le Siege, voyant la forte resistance des assiegés. Bugnot ne laissa pas d'y demeurer

pour la garde de la ville, pendant sept
ou huit mois ; au bout desquels il receut ordre d'aller au Siege du Capde-
guier, que le Prince de Conty auoit
fait commencer. Il ne fut pas long-
temps en ce Siege sans y signaller sa
valeur. Les ennemis ayant fait vne
sortie du costé ou Bugnot estoit en garde dans la tranchée, il les receut auec
tant de valeur & de courage ; que bien
qu'il y receut vn coup de mousquet
dans l'espaule, il ne laissa pas d'encou-
rager ses Soldats, auec tant de vigueur
qu'il contraignit les ennemis de se retirer, les repoussant iusques dans la ville,
& puis s'en retourna à son poste tout
couuert de sang : d'où estant aprés re-
leué par vn autre Officier, il vint à la
queüe de la tranchée, où il trouua le
Prince de Conty, qui luy fit grandes
caresses, & puis le fit pencer à l'instant
mesme en sa présence par ses Chirurgiens.

L'année d'aprés qui fut celle de 1656.
Bugnot receut ordre du Roy, pour
passer en Italie auec le Regiment, afin
d'y seruir dans l'armée, commendée

par le Prince Thomas & le Duc de
Modene. Cette année on paſſa la Campagne à faire vn Siege deuant Pauie,
lequel ne reuſſit pas : ſi bien que l'hiuer aprochant, les troupes furent en-
voyées en quartier ; & Bugnot vint en
Dauphiné auec le Regiment qu'il
commandoit.

Aprés le quartier d'hiuer le regiment
commandé par Bugnot, retourna dans
l'Italie feruir fous les meſmes Generaux. Pendant la Campagne on aſſiege
Valence qui reſiſte puiſſamment, pluſieurs aſſauts ſont donnez, où ſe trou-
uè grande reſiſtance au courage des
François. Parmis ces aſſauts Bugnot
eſt commandé de prendre la teſte des
troupes ; il execute ces ordres auec ſa
vaillance accouſtumée, & bien qu'il
y recuet vn coup de mouſqnet dans la
jambe, il ne veut ſe retirer que le lo-
gement que l'on faiſoit ſur la breche
ne fuſt parfait & acheué, d'où enſuitte
arriua la reddition de la ville, & Bugnot fut commandé d'entrer dedans
auec le regiment, pour la garde de
cette place.

CHA-

CHAPITRE VIII.

Ses diuers changemens d'Emplois dans le changement des affaires.

L'Année fuiuante, ce fut en la 1657. Bugnot receut fes ordres des Generaux d'aller en France, pour faire de nouuelles trouppes , & par ces leuées renforcer le regiment qu'il commandoit lequel s'eftoit beaucoup affoibly par tant de belles occafions , où il s'eftoit employé pour le feruice du Roy. Cette campagne fut aucunement auantageufe au Sieur Bugnot, pour n'auoir eu le regret d'auoir efté tefmoin du mauuais fuccez du Siege d'Allexandrie, qui fe fit pendant cette campagne , & pour auoir le bien de prendre quelque repos aprés plus de vingt ans de feruice, fans difcontinuer.

Pendant le quartier d'hyuer, il vint reioindre le regiment auec les recrües qu'il auoit fait affez heureufement en France, il le trouua dans le Mantoüan

C

où toft aprés il reçeut l'ordre d'auan-
cer dans le Milanois. Pendant cette
campagne on mit le Siege deuant la
ville de Mortare, & le Marefchal d'O-
quincourt mourut aux Païs-Bas , de la
maniere que l'on fçait. Ce fut pour
lors que Bugnot quitta le regiment,
qui fut donné au prince Almeric de
Modene. Mais il ne demeura pas long-
temps fans employ, car Monfieur le
Marquis de Vallauoir qui eftoit alors
Gouuerneur de Vallence , enuoya offrir à Bugnot la Lieutenance Colonel
de fon regiment , laquelle il accepta,
& en prit poffeffion au Siege de Mortare , où il fe comporta auec autant de
valeur , & y acquit autant de gloire,
que dans les autres Sieges dont i'ay
fait mention. Il conferua cette charge
iufq'à la paix Gererale entre la France
& l Efpagne. Alors le Roy ayant rendu les villes prifes en Italie au Roy
d'Efpagne, il reforma toutes les trouppes, tellement qne Bugnot fe trouuant
fans employ , fut obligé de fe retirer.
Il fut neantmoins pendant ce temps là
pourueu de la charge de Major dans

Aiguemorte, laquelle luy fut offerte
de la part de Monseigneur le Duc
d'Orleans, en l'année 1659. Et conser-
ua cette charge iusques à la mort de ce
Prince, qui ariua le 8. de Feurier en
l'an 1660. Pour lors le Roy ayant retiré le Gouuernement du Languedoc,
il pourueut de nouueaux Officiers
dans toutes les places importantes de
ce gouuernement, dont Aiguemorte
en est vne.

Cette mesme année 1660. il suiuit la
Cour de France charmé de la vaine esperance, dont le Cardinal Mazarin en-
tretenoit les pretendans aux recom-
pences, & luy en particulier des pro-
messes, de luy donner de l'employ en
quelque charge honorable; mais aprés
auoir esté long-temps repeu de ses vaines esperances, & entretenu par des
belles parolles sans effet, il retourna
au lieu de sa naisance, pour y respirer
vn peu d'air du repos, qui luy estoit
si peu connu.

Pendant son seiour ses parens le sol-
licitérent de se retirer entierement par
quelque bonne alliance ; mais luy qui

estoit accoustumé aux exercices laborieux de la guerre, ne pût iamais s'y resoudre, non pas mesme y songer; mais au contraire ne pouuant ny gouster les delices, ny demeurer oisif, voyant qu'il ny auroit plus d'apparence de guerre dans la France, il prit resolution d'aller seruir l'Empereur, comme volontaire contre les infidelles.

CHAPITRE IX.

Reflection sur les seruices rendus par André Bugnot.

ON iugeroit d'abord que le Sieur André Bugnot, qui n'a iamais espargné sa vie dans cinq cens hazards qu'il a encouru, pour le seruice de la France, auroit esté recompencé à l'egal de son merite: mais qui considerera de prés, & pesera au poids d'vne iuste balance, & les seruices rendus, & les recompenses receuës, trouuera que le poid de ceux là excedent beaucoup à la valeur de ceux cy: ne vous en croy vous mesme cher Lecteur,

iugés de tant de nobles actions, de
tant de dangers encourus, de tant de
seruices rendus si sa recompence est
proportionnée au merite : vous croi-
riés le voir monter en dignité, & croi-
stre en grandeurs & richesses, qu'il s'a-
uance ; & qu'il fait paraistre son cœur
dans les exercices de Mars, & cependant ie le considere à l'âge de dix huit
ans, au bout de quatre ans de seruices
aussi auancé, comme il estoit au bout
de trente quatre ans de son aage, aprés
vingt ans de seruices, tant s'en faut il
auroit mangé vne partie de son bien,
en faisant la cour à ceux qui le repai-
soient de belles parolles, si la prudence qu'il auoit tousiours fait paraistre,
ne luy eust dicté qu'il perdoit sa peine
& son temps, & qu'il valoit mieux
pour luy de faire vne honorable retraite, que de se consumer dans de
vaines poursuittes. Il est pourtant
vray de dire que l'honneur & la recompence est le iusteprix de la vertu, & vn eguillon aux Soldats, pour
deuenir des Heros. Monluc aussi
bien qu'vn Faber sembleront plus

C iij

heureux, pour eſtre montés de ſim-
ple factionnaires, comme par degré iuſqu'à la dignité de mareſchaux
de France. A quoy donc attribuer cela, à l'iniuſtice ou à ſon ſort? il vaut
mieux l'attribuer à ſon ſort qu'à l'ini-
iuſtice des Miniſtres; & adorer la diuine prouidence qui ſçait diſpoſer des
euenemens, & pour ſa plus grande
gloire, & pour le plus grand bien des
particuliers, ce qu'on verra mieux
dans ſa mort. Dieu l'auoit conſeruè de
tant de hazards, & parmy tant de
combats, où les autres eſtoient peris,
pour en faire aprés ſa mort vn ſujet de
cens miracles, comme luy meſme en
auoit eſté vn grand pendant ſa vie, ſi
on vient à l'examiner auec maturité,
& la regarder auec des yeux deſinte-
reſſez : car Bugnot dans tant belles
actions n'auoit autre but que la vertu,
& la gloire qui eſt ſa iuſte recompence, en ſorte qu'il ne ſeroit iamais allé
en Cour, pour y receuoir vne recompence temporelle, s'il n'y auoit eſté
attiré par vn deſir de ſeruir ſon Roy
en quelque autre occaſion, pour faire

paraiftre encore mieux fon courage.
Mais c'eft vn mal heur que quelquefois ces emplois font donnez aux
moins braues, pour auoir plus de faueur, & que ceux qui feroient des Heros fi on leurs en faifoit naiftre les
occafions, fe trouuent obligez à tenir
cachés leurs talens, & de laiffer leur
vertu fans exercice.

CHAPITRE X.

Bugnot va faire paraiftre fon courage
en Allemagne, & fon retour.

LE Sieur André Bugnot iugeant
affez, que manque de faueur il
ne pouroit plus rendre aucū feruices à
fon Roy, prit refolution afin de ne demeurer pas oifif, & de peur de fe
laiffer trop amollir le cœur dans les
delices, s'il reftoit long-temps parmy
fes parens (fçachant affez qu'vn Anni-
bal luy mefme n'auoit pû refifter à
cette circée) d'aller offrir fon feruice à
l'Empereur, fous le bon plaifir du

Roy, pour combatre l'ennemy commun, & renuerser ce croisant qui semble vouloir enfermer toute la terre suiuant sa diuise. Ayant pris cette resolution, il part en l'an 1661. au mois d'Auril, de la ville de sa naissance, & se rend à Vienne en Autriche au mois de Iuillet. Il offre ses seruices au Mareschal Montecucully, Generalissimé des Armées de l'Empereur, pour seruir en qualité de volontaire auprés de ce Mareschal & de sa Personne & de son courage. Le General l'ayant aggrée il commence la campagne, trauerse la haute & basse Autriche, entre dans la Hongrie, & passant en Transiluanie, ioint auec l'armée le Prince Ragotski: laquelle auançoit tousiours chassant l'armée Ottomanne deuant Elle, sans faire aucune entreprise considerable. L'hyuer ayant obligé à la retraite, & à prendre des quartiers d'hyuer dans la Hongrie, Bugnot prend resolution de venir passer son hyuer dans la Cour de Vienne, pour cét effet il prend des passeports du General Montecucully, & s'achemine à la Cour de

l'Empereur ; mais defirant auffi voir le
païs, il entre en Pologne, & trauerfe
le royaume, paffe par la Boëme, & fe
rend à Vienne.

Pendant l'hyuer qu'il eft dans la
Cour de l'Empereur, il cherche de
l'employ pour la campagne prochai-
ne ; mais toute cette faifon fe paffe en
pour parler de paix entre les deux Em-
pereurs. : ainfi l'année s'efcoulle fans
qu'il fe donne aucune commiffion de
leuer des troupes, ce qui fait refoudre
Bugnot de retourner en France.

Pour retirer quelque auantage de
fon voyage, prend refolution de tra-
uerfer à fon retour les Eftats d'Allemagne, qu'il n'auoit pas encore veu.
Or comme en allant il auoit paffé par
la Bauiere & le Palatinat, il voulut en
retournant voir Brandebourg, le Mek-
lebourg, l'Holftein, Dannemarc,
l'vne & l'autre Saxe : bref il ariua en
France au mois de May de l'an 1662.
& fe retira chez l'vn de fes freres en la
campagne, paffant le refte de l'année
doucement dans les vifites de fes parens & amis, & toufiours dans l'entre-

tien de ſes intelligences en Cour, où il
n'auoit pas peu d'amis, qui ſans dout-
te luy auroient procuré la fin de ſes deſirs pour le monde , ſi Dieu qui l'aimoit dauantage n'euſt borné ſes pre-
tentions , & mis fin à ſes deſirs.

CHAPITRE XI.

La mort ſur prenante du Sieur André
Bugnot.

L'An 1663. lors que Bugnot ne ſon-
geoit qu'à donner ſa vie en proye,
pour le ſeruice de ſon Roy, dans de
nouuelles occaſions ou bien au ſeruice
de l'Empereur contre les Infideles, la
fortune laſſée de le perſecuter , ou
pluſtoſt Dieu voulant faire connoiſtre
l'infidelité de cette inconſtante par vn
accident ſi peu attendu & ſi eſtrange,
(ſi ce n'eſt que touſiours les grandes
ioyes, ſont ſuiuies des plus funeſtres
rencontres) en ordonna tout autrement : voicy comment. Vn Dimanche ſixieſme de May de l'année 1663.

Bugnot s'estant honnestement diuerty auec ses amis dans le village de Cousance, comme il prenoit congé d'eux, & leur disoit à Dieu, estant monté sur vn cheual Polonnois, ce cheual s'estant dressé plusieurs fois, enfin se renuersa sur luy tout auprés d'vn escaliere de pierre, & pensa le creuer à l'instant, ou du moins l'estouffer, il demeura euanoüy prés d'vn quart d'heure, cependant il est transporté sur vn lict : de retour qu'il est de son euanoüissement, il se fait porter à Narcy au logis de son frere, où il faisoit sa demeure. Les Chirurgiens ayans visité son mal, la playe se trouua si grande, qu'à l'heure mesme ils desesperent de sa guerison, sans luy donner aucune esperance de santé, ny mesme de longue vie. Ce qui obligea son frere de luy faire sçauoir, afin de le porter à la resignation aux volontez diuines, & à se premunir des saints Sacremens de l'Eglise. A quoy il n'eut pas beaucoup de peine à le resoudre, car comme il auoit fait paraistre son courage durant sa vie au

seruice de son Prince, il n'en voulut
pas moins faire paraistre à suiure les
volontés de son Dieu, & celuy qui a-
uoit si souuent mesprisé la mort la receut à ce coup, comme vne faueur du
Ciel, le tout luy ayant esté denoncé
par son frere, il témoigna au mesme
instant tant de resignation aux volontez de Dieu, que sans plus tarder, il
demanda à purger sa conscience, & à
se disposer à la mort, ce qu'il executa
auec autant de tranquilité & de iugement, que s'il n'eut eu aucune blessure,
encore qu'il resentit de tres violentes
douleurs, qui ne l'abandonnerent
qu'auec la vie.

Il ne pût ce iour là qui estoit le lendemain de sa blessure receuoir son
Createur Sacramentalement : mais il
receut seulement l'Extreme-Onction,
enfin le Pere des Misericordes le fortifia le lendemain de corps & d'esprit,
ensorte qu'il eut assez de force pour
se disposer à receuoir le saint Viatique:
ensuitte duquel il disposa de ses dernie-
res volontez, par vn testament de
quelques legs pieux, à la Paroisse où

il auoit esté Baptisé, & à celle dans laquelle il deuoit rendre l'esprit, & de plus à quelques domestiques : en me faisant executeur de son testament ; aprés cela il dit à Dieu, à ceux qui estoient presens, ou qui l'estoient venu visiter, mesme à sa propre sœur, qu'il aimoit vniquement auec vne telle force d'esprit, & si peu vsitée que ce fut sans tesmoigner aucune crainte de la mort : ce qui tira les larmes des yeux de tous les assistans. Ensuitte de cela il abandonna tellement le monde, pour se donner tout à Dieu, qu'il surprit d'admiration les Religieux qui l'exhortoient, & ceux qui luy rendoient d'autres assistances.

Le Mercredy quatriesme iour de sa blessure enuiron sur les onze heures du soir se sentant affoiblir, il fit appeller vn Pere Capucin, pour l'aider à bien finir, faisant des prieres, & adorant le Crucifix auec vn iugement fort, & auec vne ferueur d'esprit qui surprit le Pere, car il poussoit de luy mesme des élans d'amour vers Dieu à tout moment. Dans ces ferueurs d'esprit,

& dans tels desir de jouïr bien-tost de son Createur, il luy rendit enfin son ame, mourant en vray Chrestien & auec autant de conformité, & resigna-tion aux volontez diuines, que pou-roit faire vn Religieux le plus destaché. Et ce fut le 10. du Mois de May l'an 1663. enuiron la minuit.

L'vnziefme son corps fut transporté à saint Dizier, & enterré au Cimetier de noftre Dame, deuant la Chappelle de saint Nicolas, au mesme endroit de feu fes Pere & Mere. Et le iour ensui-uant, on commença de faire fes fer-uices.

CHAPITRE XII.

Iournal de ce qui eft arriué aprés la mort du Sieur André Bugnot.

ON ne demeureroit pas volôtiers d'accod, du recit que ie vas faire d'vn fait entierement furprenant, fi ie n'auois vfé de precautions en l'accom-pagnant des procés verbaux, & des

lettres de quelqu'vns qui en ont esté
tesmoins, pour moy (à qui l'Ame du
defunct a parlé) ie suis tellement con-
uaincuu de la verité du fait de cette
Histoire, que tout le monde ne me fera changer de sentiment, & s'il estoit
necessaire pour la gloire de celuy, qui
opere si puissamment, & le soustien
d'vne verité si auerée, i'exposerois
auec nõ moins d'ardeur & de courage
la vie, que i'ay exposée pendant quinze à seize ans pour le seruice de mon
Souuerain, en la qualité de Capitaine
d'Infanterie; m'estant trouué dans les
Sieges les plus considerables, qui se
sont faits depuis 1640. en Flandre & en
Piedmont; ayant mesme esté blessé en
plusieurs & diuers assauts, qui s'y sont
donnez: ce qui me fit acquerir le Gouuernement de Fredebourg (qui est
vne petite ville dans le païs & Arche-
uesché de Treues. Ainsi ma condition
de Cauallier auec l'honneur que i'ay
d'estre à present Gentil-homme ordinaire de la Chambre du Roy, ne doit
souffrir aucun soupçon en ce narré,
comme i'espere de n'en receuoir

de reproche en la publication d'vne verité ſi conſtante, dont voicy la teneur.

Le 13. du mois de May iour du ſaint Dimanche de la Pentecoſte, & le 3. aprés la mort du Sieur André Bugnot, vne vieille ſeruante de la maiſon, où il auoit rendu l'eſprit, coupant de l'herbe au iardin pour quelque beſtial, entendit vne voye l'appeller en ces termes Ieanne tu te damne. La ſeruante ayant reſpondu, pourquoy? (Elle croyoit que ce fûſt quelqu'vn du village) alors cette meſme voix luy répondit; il eſt plus de iours que de ſemaines. La ſeruante ayant reparty, cecy eſt neceſſaire, nous auons vne beſte malade, la meſme voix luy replica tu mens, il n'y en a point, comme il eſtoit veritable qu'il n'y en auoit point. La voix pourſuiuit diſant, qu'on execute mon teſtament. Ce qu'entendant la ſeruante elle regarda autour d'elle, & ne voyant perſonne, elle prit la fuitte auec l'eſpouuante, en fuiant elle entendit encore ces parolles, ramaſſe & n'y retourne plus; mais elle ne regarde

plus

plus derriere elle ; & alla raconter ce
qu'elle venoit d'entendre.

Le lendemain qui fut le Lundy 14.
de May , Monsieur Grafigny auec sa
femme , estant venu rendre visite à
Mademoiselle Bugnot belle sœur du
deffunct , & leur faisant le recit de la
mort de son beau frere , ils entendi-
au dessus de leurs testes en la chambre
de ladite Damoiselle frapper dix ou
douze coups assez rudement contre la
muraille ; ce qui leur causa de la
frayeur , mais beaucoup plus grande
aprés l'exacte recherche qui fut faite ,
si ce bruit n'auoit point esté fait par
quelque viuant , & sur tout par la seruante qui auoit oüy le premier bruit,
laquelle estoit dehors.

Le Mercredy sur les onzs heures, &
minuit à pareille heure que le deffunct auoit expiré, Mademoiselle Bugnot estant couchée auec vne fille âgée
de 30. ans , entendit vne voix plaintiue , & comme d'vne personne qui
trembleroit la fieure tres-fortement:
on vint en suitte frapper aux fenestres,
ce qui mit la frayeur dans le logis:

D

dont aussi-tost elle donna auis à son
mary qui estoit encore à saint Dizier,
pour assister aux serulces du deffunct.
le Sieur Bugnot n'eut pas plustost apris
ces nouuelles qu'il retourna en sa maison de Narcy, pour connoistre ce que
ce pouuoit estre, que ce bruit si extraordinaire. Mais le Ieudy 17. se passa
sans aucun bruit.

Le Vendredy dixhuitiéme le Sieur
Bugnot estant en la compagnie du
Chirurgien qui auoit pencé le deffunt,
enuiron quatre à cinq heures aprés
midy entendit cette voix tonnante
& bruyante, dont il se trouua tout à
fait surpris, & estonné auec vne
frayeur, qui s'augmenta vn moment
aprés lors que cette voix se fit entendre en lair comme si elle eust esté é-
loignée cinquante pas de la maison.
Car ils ne pouuoient iuger autant
qu'ils estoient ce que ce pouuoit estre
que ce bruit, & cette voix qui n'estoit
aucunement articulée; mais ressem-
bloit plustost à vn tonnerre qui finit
son tonnement, ou sembloit exprimer
le mugissement d'vn Taureau.

Le Sieur Bugnot estant confirmé
par ses propres sens que ce ne pouuoit
estre qu'vn esprit bon ou mauuais se
resolut à vn Pelerinage à Nostre-Da-
me de Liesse pour estre deliuré ou
soulagé de ces bruits. Mais il eut auparauant encore enuie de tenter s'il ne
pouuoit point trouuer declaircisse-
ment dans sa perplexité, & ses dout-
tes. A ces fins le Samedy dixneufiéme
de May il fit coucher plusieurs de ses
domestiques en sa chambre, où estant
aussi couché auec sa femme sur les
onze-heures & minuit cet esprit commença à se faire entendre auec sa voix
ordinaire, tonnante & bruyante, &
par interualle venoit frapper aux fenestres de là Chambre auec grand bruit,
& puis recommançoit son bruymés &
tonnement, & reuenoit iusqu'à cinq
ou fix fois frapper aux feneftres, ces
bruits & tonnemens durans iufqu'à
trois quarts d'heure. Le Dimanche
vingtiéme cet esprit se fit entendre à
diuerfes heures du iour, au matin, sur
le midy, & vers le foir, tantoft dans
vne étable, & dans la grange, &

D ij

presque en tous les endroits de la maison. Il fut pareillement entendu par tous les Voisins du Village, comme vn procez verbal dressé & attesté par plus de vingt-cinq personnes en fait foy, ie ne le rapporte pas icy, mais seulement deux autres qui furent dressez depuis pour contenir plus de particularitez d'vn fait si extraordinaire.

CHAPITRE XIII.

Continuation du Iournal. On écrit à Mr. l'Euesque de Chaâlons, & ce qui s'ensuiuit.

PEndant ces frayeurs le Sr. Bugnot fit écrire à Monseigneur l'Euesque de Chaâlons sur Marne par les R. P. Capucins de S. Dizier, afin d'apporter en vn cas si rare tous le remedes, dont l'Eglise se sert dans telles rencontres. Mais ce Prelat voulant estre pleinement informé de tous ces bruits, ordonna que quatre Capucins du conuent de Saint Dizier se transfporteroient à Narcy, dans la maison du Sr. Bugnot pour découurir & connoiftre la verité de ces bruits, en faire drefler vn procez verbal par le Iuge du lieu, figné & attefté par tefmoins, pour luy eftre enuoyé afin d'en ordonner en fuitte ce qu'il iugeroit expedient pour le foulagement des oppreffez. Mais vne autre conjoncture fit differer l'affaire : Car les Peres Capucins ne pouuans à caufe de l'Octaue du tres faint Sacrement executer ces ordres differerent de venir à Narcy iufque aprés l'Octaue, coniurans cependent le Sieur & Damoifelle Bugnot de s'armer de patience & de courage.

Le Lundy vingte-vniéme, & Mardy vingtdeuxiéme cet efprit fe fit toufiours entendre de iour. Mais la nuit du Mercredy au Ieudy enuiron l'heure qu'il eftoit mort, il recommença fon bruit ordinaire de voix & de frappement aux feneftres de la chambre où eftoient couchez lefdits Sieur & Damoifelle Bugnot auec quelques domeftiques. Et tous pendant que duroit le bruit fe mettoient en prieres

les genoux en terre, & y demeuroient
iufqu'à ce que cet efprit ayant cefſé
ſon bruit les laiſſoit en repos.

CHAPITRE XIV.

*Continuation du Iournal. Le Sieur
Bugnot entreprent ſon Pelerinage.
Ce qui arriue pendant ſon
abſence.*

LE Vendredy vingt-cinquieſme de
May le Sieur Bugnot entreprit
ſon Pelerinage à Noſtte-Dame de
Lieſſe, & paſſant par Saint Dizier il
y ſeiourna quelque temps pour voir
les Peres Capucins, & prendre langue
deux. Enfuitte continua ſon voyage.
Mais ce meſme iour entre onze-heures & minuit l'eſprit retourna vers la
chambre ordinaire, où eſtoit couchée
Mademoiſelle Bugnot auec vne fille,
& quelques domeſtiques en la chambre, & fit ſon bruit ordinaire de voix
& de battemens, & deſſors il ſe regla
pour les nuits qu'il deuoit reüenir,

qui fut celle du Mercredy au Ieudy, heure & iour pareils de sa mort; & la nuit du Samedy au Dimanche, iour qu'il auoit esté blessé.

Le dernier de May, Octaue du S. Sacrement Dame Elizabeth de Perignon Espouse du Sieur de S. Vincent Seigneur de la Tour de Narcy estant aller en la maison du Sieur Bugnot rendre visite à sa femme se trouua aussi surprise & épouuantée que les autres ayant oüy enuiron les quatre heures aprés midy par diuerses fois vn grand bruit & vne voix bruyante tant en la chambre où elle estoit, que dans le Iardin. La grande frayeur qu'elle en conçeut l'obligea à rompre ses entretiens, & de prendre congé de la compagnie pour s'en retourner promptement en sa maison.

On à veu quelquefois des meubles transportés d'vn lieu en vn autre quoy qu'il fust tout constant que ce transport n'eust esté fait par aucun viuant. Quelques seruiteurs domestiques ont quelquefois entendu vne voix qui les appeloit, & souuent cette voix bruyante eſtoit ſuiuie d'vne voix plaintiue, qui ſembleroit ſouffrir beaucoup, tout cela tenoit les eſprits en ſuſpens & dans le doute ſi c'eſtoit vn bon ou mauuais eſprit, iuſqu'à ce que des ſignes plus euidens que ie vas rapporter faſſe vn fond pour iuger comme difinitiuement d'vn cas ſi extraordinaire.

CHAPITRE XV.

Continuation du Iournal. Exorciſmes inutils des Peres Capucins.

LE Sieur Bugnot eſtant retourné de ſon voyage aprés l'octaue du Saint Sacrement, repaſſa par S. Dizier, où ayant veu, & communiqué les R. P. Capucins, il en obtint quatre pour aller auec luy qu'il accompagna iuſques à Narcy ; & vn deux eſtoit le Pere Nicolas de Morancour grand Predicateur & Confeſſeur du deffunt, & qui l'auoit aſſiſté a la mort. Ce fut le cinqiéme de Iuin. Eſtans arriuez

ils

ils se reposerent en la Chambre du
deffunt, & y passerent la premiere
nuit, sans entendre aucun bruit. Le
mesme iour ariua la Damoiselle Ma-
delaine Bugnot sœur du deffunt, &
qu'il auoit tousiours parfaittement
cherie, elle fût aussi tesmoin des bruits
qui ariuerent depuis, mais non sans
en auoir de la frayeur ne se pouuant
encore imaginer que se pust estre son
cher frere. Elle écriuit à son frere le
Religieux ce qu'elle auoit entendu,
& l'épouuante qui l'auoit saisie nonobstant son courage qui est au dessus
de la foiblesse du sexe. Cela l'obligea
de ne faire pas bien long seiour dans
ce lieu là.

Le landemain sixiéme de Iuin ces
bons Religieux allerent en la Paroisse
y celebrer la Sainte Messe à ce qu'il
pleust à Dieu de faire connoistre si cet
esprit estoit bon ou mauuais. Comme
ils retournoient en la maison aprés
auoir celebré, estans tous de compagnie auec moy Bugnot ils enten-
dirent dés le millieu de la ruë la voix
bruyante qui faisoit vn grand bruit

E

dans la maifon & qui n'auoit ceffé durant leurs Meffes comme ils apprirent
de mes domeftiques.

Le foir eftant venu ces bons Religieux furent d'auis de paffer la nuit
dans ma chambre, afin de mieux obferuer ce qui fe pafferoit. La nuit fur
les onze heures & minuit à fon ordinaire cét efprit commença à bruyer &
tonner en frappant aux feneftres. A
ces bruits ces bons peres fortirent hors
de la chambre, & entrerent en la cour
où l'on entendoit le bruit : commen-
çans à coniurer cét efprit, mais en
vain, car il fe retira, & le refte de la
nuit il ne fit aucun bruit. Ce qui fit
penfer à ces bons Religieux que ce
pouuoit eftre quelque efprit Follet.
Mais fon heure n'eftoit pas encore venuë.

Le lendemain en plain iour cét efprit fe fit entendre. Ce qui donna oc-
cafion à ces bons Peres de perfuader
Monfieur Bugnot & Mademoifelle fa
femme auec tous les domeftiques de
fe mettre en la grace de Dieu, en s'y
difpofant par vn ieune, par la confef-

fion & perception de la Sainte Eucha-
riftie afin qu'il luy pluft manifefter fi
cét efprit eftoit bon ou mauuais, chaf-
fant le premier auec deffence de plus
incommoder cette famille, ou donnant
à connoiftre les volontez du fecond,
& ce qu'il fouhaittoit des viuans, afin
de le foulager en executant promptement ce qu'il manifefteroit par voix
ou par figne.

En fuitte de l'execution de ces bons
auis qui fe pratiquerent le Vendredy
les reuerens Perés Capucins benirent
tous les endroits de la maifon le Samedy neufiéme de Iuin auec l'eau benitte
& l'encens; & puis exorciferent cet Efprit fuiuant la couftume de l'Eglife &
l'ordre qu'ils en auoient receu de Mr.
l'Euefque de Chaâlons.

Le foir eftant venu, & ces bons Religieux affemblés dans la chambre ordinaire, l'Efprit commença à tonner à
fon heure, entre onze heures & minuit, alors tous fe mirent en prieres
auec ces Religieux laiffans agir cét Efprit dans fon bruit prez de demie heure; après laquelle ils fortirent de la

chambre pour entrer en la cour, ou e-
ſtans arriuez cette Eſprit ſe contint, &
ſembla ſe retirer. Il eſt a remarquer
que ces bruits eſtoient ſi grands que
plus de ſix maiſons au deſſus & autant
au deſſous des deux coſtez de la maiſon du Sr. Bugnot eſtoient importu-
nez & épouuantez tant de iour que de
nuit de ces grands bruits & les frappemens des feneſtres eſtoient ſi violens
que le plont meſme des vitres eſtoit
tout buriné & égratigné.

Le Mercredy treiziéme du mois de
Iuin ces venerables Religieux ayans
aſſez reconnus la verité de cét Eſprit,
dans l'eſtime neantmoins pluſtoſt d'vn
Eſprit follet que d'vn bon Eſprit, firent
dreſſer vn procez verbal qu'ils firent
ſigner par tous ceux qui pouroient
dans la pure & ſincere verité atteſter
le fait.

Le procez ſigné par ces bons Religieux & plus de vingt-cinq teſmoins,
ils s'en retournerent le lendemain en
leur conuent bien maris de n'auoir pû
apporter de remede à ces vexations
& importunitez de cét Eſprit.

CHAPITRE XVI.

Continuation du Iournal. On commence vne neuuaine dans la maison.

PLusieurs iours se passerent dans ces sortes de bruits, & ne manqua iamais ses iours & nuits ordinaires ce qui donna de l'ennuie à plusieurs personnes de les entendres. Mais aucun iamais ne les entendit qui ne s'en retournast fort effrayé. Et à la verité i'estois sur le point de quitter ma maison aussi bien que toute ma famille si Monseigneur de Chaâlons n'eust ordonné pour nostre soulagement de se seruir des plus souuerains remedes dont l'Eglise se sert en ces rencontres, enuoyant vn second ordre aux R. R. P. P. Capucins de S. Dizier de faire vne neuuaine en la maison du Sr. Bugnot erigeant vn Autel en la chambre ou s'entendoient plus ces bruits, & faisant dire tous les iours par vn de leurs Peres, ou en cas d'empeschement, par

E iij

le Curé du lieu la Sainte Meſſe en cette chambre.

Cét ordre ne fût pas pluſtoſt receu, que ces bons Peres ſe mirent en deüoir de l'exécuter, & pour cét effet ils enuoyerent de leurs Peres, meſme d'autres que les premiers qui commencerent à celebrer la Sainte Meſſe dans la chambre où ſe faiſoient plus entendre ces bruits. Le Mardy vingt-ſixiéme de Iuin. Le Mercredy vingt-ſeptiéme la ſeconde Meſſe fût celebrée, & la nuit cét Eſprit fit ſelon ſon ordinaire ſes bruits & battemens de feneſtres. Ce qui eſtonna, & effraya ces nouueaux Religieux. Mais peu aprés ayans repris courage ils firent leurs ſorties dans la cour pour y découurir quelque choſe. Mais cét Eſprit ſe teut ; & ceſſa de faire bruit le reſte de la nuit. Le Ieudy & Vendredy l'on continua la celebration de nos diuins myſteres Et ces bons Religieux pour n'eſtre pas plus lontemps abſens de leur conuent, laiſſerent leur commiſſion au Curé du lieu, & ſe retirerent en leur conuent de S. Dizier.

CHAPITRE XVII.

Continuation du Iournal. Effets de la S. Meffe. L'Efprit declare fes volontez.

LA nuit du Samedy enfuiuant, & le trantiéme de Iuin l'Efprit reuint auec fes bruits ordinaires. Mais ie fus obligé d'eftre abfent pour les affaires de ma maifon, auffitoft que cét Efprit commença à tonner & à frapper aux feneftres, châcun fe mit à genoux, & Mademoifelle Bugnot mon efpoufe qui eftoit accompagnée de fa fille, & de tous fes domeftiques fit augmenter le nombre des Chandelles comme on auoit accouftumé. Aprés que tous ces tintamares eurent ceffez l'Efprit commença de produire vne voix, comme d'vne perfonne complaignante, & qui parloit auec langueur : mais qui enfuitte parlà plus vigoureufement, & diftinctement prez de demie heure. Mais la peur les auoit

E iiij

tous tellement faifis qu'ils ne purent
entendre autre chofe finon ces parolles que l'Efprit forma & diftinga
mieux que tour le refte, ma fœur ma
fœur. Vne feruante s'approchant des
feneftres & les ouurant dit auoir veu
vn homme appuyé des coudes fur la
feneftre, ce qui l'obligea auffitoft à
fe retirer toute en frayeur. Enfin cét
Efprit fe retira comme à l'ordinaire
faifant des bruits en l'air.

Le lendemain eftant de retour, Mademoifelle Bugnot fit vn recit de tout
ce qui s'eftoit paffé la nuit precedente.
Surquoy ne fçachant que penfer, ie
me refolus à la patience, remettant le
tout à la diuine prouidence, en atten-
dant le Mercredy fuiuant, qui eftoit vn
de fes iours plus ordinaires.

Le quatriéme du mois de Iuillet, e-
ftant venu on continua la neufiéme en
difant la fainte Meffe : & comme ie
creu qu'affeurement cét Efprit ne man-
queroit pas la nuit de m'interrompre à
fon ordinaire, ie conuiés deux Curez
mes voifins à venir paffer la nuit en
ma chambre, pour eftre témoins de ce

qui s'y pouroit paſſer à la venuë de cét
Eſpit. Mais ayans voulu bannir la
crainte pluſtoſt par le vin que par le
jeûne, & la priere, l'heure meſme les
trouuant encore dans cét exercice, l'E-
ſprit ne ſe fit pas entendre, quoy que
ce fuſt ſon iour & ſon heure ordinaire.

   Le lendemain qui eſtoit le Ieudy &
le 5. du mois, moy Sieur Bugnot me
trouuant ſeul auec ma femme, &
mes domeſtiques, j'ordonné à deux
ſeruiteurs & deux ſeruantes de coucher en la chambre où i'eſtois, quoy
que ce ne fuſt vn iour ordinaire à
cét Eſprit; & qu'il ne fuſt encore
venu pas vne nuit du Ieudy au Vendredy: mais l'incertitude des menées
de cét Eſprit, & les frayeur qu'il
nous cauſoit, iointes aux deſſeins de
Dieu m'obligea d'en vſer de la ſorte,
aprés les reſolutions conceuës en mon
eſprit, d'agir ſelon l'impetuoſité, &
l'emportement de mes premiers pen-
ſées. Eſtant donc couché dans ma
chambre, voila que ſur les onze heures
& minuit, cette voix bruyante ſe fait
entendre auec les frappemens ordinai-

res, au mesme instant ie fais leuer mes
domestiques & allumer deux chãdelles
auec vn cierge benit outre la lumiere
ordinaire, qui duroit pendant toutes les
nuits. Chacun s'estant mis en prieres,
l'Esprit redouble ses bruits & battemens aux fenestres, & bien que l'on
s'attendist à ces bruits, neantmoins la
colere me saisit, & m'emporta droit à
la fenestre où s'entendoit le bruit, ie
l'ouuris, & commencé à menacer cét
Esprit auec iniure l'appellant diable,
lutin, magicien, & le traitant auec
toutes les inuectiues qu'vne colere en-
flammée peut inuenter, iusqu'a luy dire que ie dechargerois sur luy vne arme
à feu, s'il ne cessoit de m'importuner.
Pendant ces emportemens l'Esprit qui
estoit comme bondissant dans la cour,
reuint vne secondefois pour frapper à
la fenestre. Alors rentrant en moy mé-
me, & mettant toute ma confiance en
Dieu, ie me presente de rechef à la fenestre en menaçant du point. Ie remarqué pour lors que l'Esprit ayant
commencé de frapper à la fenestre
cessa aussitost, moy cessant pareillement de parler, ie me mis à genoux

reprenant mes prieres, & implorant le
secours du ciel. Alors i'entendis fort
distinctement à vne autre fenestre du
mesme côsté cette voix plaintiue, qui
auoit esté entenduë le Samedy precedent par ma femme & mes domestiques, & cette voix plaintiue ressem-
bloit à la voix d'vne personne qui par-
leroit dans vn grand tremblement de
fiéure. Aprés quatre ou cinq plaintes,
cette mesme voix d'vn air languissant,
commença à dire par trois fois, hé
mon Dieu ! Et bien que cette voix ne
fust si organisée que celle d'vne personne en santé ; neantmoins distinguant
ces parolles, ie m'aproche de la fenestre auprés de laquelle on auoit dressé
l'Autel, pour y dire la sainte Messe
pendant les neuf iours ordónés de Mr.
l'Euesque: & alors ie parlé de la sorte
à cét Esprit, puisque ie vous entend
reclamer le Saint Nom de Dieu, ie me
persuade que vous estes vn bon Esprit,
& dans la confiance que ie mets en
mon Dieu, & par les merites de la
sainte Messe qui s'est celebré auiour-
d'huy sur cét Autel, ie vous prie de

vouloir nous faire entendre ce que
vous defirez ; incontinent cette mefme
voix prononça par trois diuerfes fois,
hé mon frere ! hé mon frere ! hé mon
frere ! Et dit en fuitte plufieurs autres
chofes que ie ne pû pas bien entendre,
n'eftant pas bien à moy (pour dire la
verité de mon action) finon celles cy
qu'on execute mon teftament.

Moy m'entendant appeller par mon
frere , ie demeure fort furpris , mais
beaucoup plus , quand cette mefme
voix me reprocha le peu de foin que
i'auois aporté à l'execution de fon teftament , & repeta encore ces parolles,
qu'on execute mon teftament , & puis
ie feray bien heureux. Moy donc qui
entendois ces parolles de mefme, que
cinq autres de mes domeftiques qui
eftoient à genoux en prieres dans la
chambre deuant l'Autel , afin d'eftre
plus confirmé en ce que ie venois d'entendre , ie propofe à cét Efprit s'il
vouloit du papier & de l'ancre, pour y
coucher plus ouuertement fes volontés. A quoy cette voix ne fit point
de refponce ; & moy continuant à luy

parler, ie luy dis que ie le priois de
vouloir se faire vn peu mieux entendre esleuant sa voix & parlant plus distinctement, luy repetant tousiours que
ie croyois parler à mon frere & à vn
bon Esprit: que si c'estoit vn maling E-
sprit, que ie renóçois à tout ce que ie di-
sois, & prometterois Mademoiselle Bugnot ma femme, luy confirmant la mé-
me chose par ces mesmes parolles, cette voix l'appella luy disant, hé ma sœur!
& poursuiuant adjouta , qu'on execute
mon testament , & puis ie seray bien
heureux. Il dit encore beaucoup d'autres choses touchant nos parens, que
ie ne pus ny les autres bien entendre
ny comprendre ; tant pour la crainte
qui nous preoccupoit tous assistans ,
qu'à cause que la voix n'estoit pas bien
articulée , & qu'en ce grand tremblement elle sembloit parler comme dans
vn Vaisseau.

Alors m'estant vn peu plus r'asseuré,
& estant plus confirmé de ce que i'a-
uois entendu, ie commencé d'vn ton
plus ferme (mais la larme à l'œil au
lieu du feu de ma colere) auec vne for-

ce d'efprit à luy parler en ces termes,
mon frere dans la confiance que i'ay
en Dieu, & dans la creance que vous
eftes vn bon Efprit & l'Ame de feu
mon frere André Bugnot, decedé depuis deux mois, ie vous promets, &
vous protefte auffi veritablement, que
la fainte Meffe s'eft ditte auiourd'huy
fur cét Autel, que demain auffitoft que
la meffe aura encore efté celebrée au
mefme lieu, que ie m'en iray à faint
Dizier, & prenday voftre teftament en
main pour le faire executer, & ie vous
donne ma parolle, que ie ne cefferay
point que ie n'aye executé toutes vos
volontez, à la referue neantmoins de
ce que vous auez donné à ma fœur &
à moy, puifque cela donne ialoufie à
quelque heritier, vous affeurant pourtant que nous nous en deportons volõ-
tairemét,nous ne laiffons l'vn & l'autre
devous en eftre obligez: & auant qu'il
foit vingte quatre heures l'affaire fera
executée, ainfi que ie vous le promets.
Pendant tout le temps que moy Bugnot
ie parlois, cét Efprit fe taifoit & fembloit efcouter. Enfin ayant finy mon

discours, l'Esprit commença à proferer
d'vn air plus net & d'vn plus clair, que
tout ce qu'il auoit dit , à Dieu mon
frere, à Dieu mon frere, à Dieu mon
frere. Et puis sans faire aucun bruit, il
se retira en sorte qu'on n'entendit plus
depuis aucun bruit.

Aprés cela moy , ma femme & mes
domestiques , nous nous trouuasmes à
l'instant remplis d'vne consolatió aussi
grande qu'auoit esté forte la crainte
que nous auions eu dans le commencement ; & ie commencé auec eux
comme de concert à luy donner mille
benedictions, nous remettans en prieres pour rendre grace à Dieu de ses
misericordes & bontez : & des ce moment tous ces bruits prirent fin , la
frayeur s'esuanouit , le courage occu-
pant la place, remplit & fortifia tellement les esprits , que tous tant que
nous estions , nous aurions esté chercher l'Esprit, pour luy parler , mesme
dans les lieux les plus obscurs & retirez
de la maison.

Au rest ce colloque susmentionné
dura au moins vn quart d'heure , & se

termina sans bruit & sans sa voix bruyante: & deslors toutes les craintes furent dissipées. Et tout cecy ariua aprés la septiesme Messe : les deux autres Messes furent dites les deux iours suiuans, & c'est sans aucun doute, que le saint Sacrifice a mis fin à ces bruits si importuns, & a fait que cét Esprit a eu permission de Dieu, de declarer aux viuans les empeschemens qu'il auoit pour ioüir de la gloire, à laquelle il aspiroit auec tant de bruits & d'empressemens : car ça esté aprés la quatriesme Messe qu'il a parlé ouuertement la premiere fois : & aprés la septiesme il a declaré, & donné mouuement pour estre respondu sur ses plaintes par son frere, & receuoir le soulagement qu'il sollicitoit depuis deux mois auec tous ces bruits & tonnemens.

Le lendemain matin la Messe estant acheuée suiuant ma promesse, ie pris en main le testament, ie monte à cheual & ie ne retourné point au logis qu'il ne fut executé, selon l'ordre & la forme prescrits, mettant à part tous mes interests

terests, nonobstant tout ce que i'y pû
pretendre, pour de bonnes & tres-iu-
stes raisons. Ainsi finirent tous ces tintamares, les frayeurs s'esuanoüirent,
en sorte que depuis on a rien entendu
ny iour ny nuit, & la maison est en repos, & ioüit d'vne grande tranquilité.

CHAPITRE XVIII.

*Lettre du R. P. Nicolas de Moran-
cour Predicateur Capucin confirma-
tiue de cette Histoire.*

IL ne me reste quasi plus qu'àpro-
duire mes tesmoins pour confirmer
tout ce que i'ay auancé de la mort du
Sr. André Bugnot. Voicy donc comme en parle vn grand & pieux Predicateur le Pere Nicolas de Morancourt, qui auoit esté son confesseur
depuis six mois auant sa mort, & qui
l'auoit beaucoup seruy par ses pieux &
bons conseils pendant le Caresme
qu'il le visitoit en son conuent des
Capucins de S. Dizier où il demeu-

F

roit alors à cause des Predications du Caresme qu'il faisoit dans la grande Eglise de la Ville. Voicy comme il en écrit dans vne lettre qu'il adresse au frere du deffunt, Religieux de Saint Benoist, qui luy auoit tesmoigné le desir d'apprendre de luy mesme ce qu'il auoit veu & oüy du deffunt Bugnot son frere.

Mon Reuerend Pere i'ay veu par vne lettre que vous auez écrit à Mademoiselle vostre sœur le desir que vous auez de sçauoir de moy ce qu'il y peut auoir de plus considerable dans les circonstances qui ont ou precedé ou suiuy la mort de feu Monsieur vostre frere, ie veux bien en y satisfaisant vous donner ces premieres marques de la complaisance que i'auray tousiours pour les choses qui seront de vostre inclination, & vous diray que le pauure deffunt ayant esté blessé le Dimanche siziéme de May par son Cheval comme on vous a pû dire, ie m'en allay le Mardy suiuant à Narcy pour luy donner en ce funeste rencontre tous les secours qu'il pouuoit esperer

d'vn homme de ma profession, (car
nous auions defia fait quelques habi-
tudes enfemble pendant le Carefme
pour l'auoir veu affez fouuent à mes
Sermons. Ie trouuay tout d'abord qu'il
s'eftoit heureufement precautioné
pour fon falut par la participation de
tous les Sacremens que l'Eglife donne
en la derniere extremité ou il eftoit;
car fa bleffure fut iugée mortelle des
fon commencement. Mais ce qui me
confola le plus, ce fût de le voir dans
vne difpofition tout à fait chreftienne,
& qui n'eft pas ordinaire à ceux de fon
aâge & de fa condition. Vous pouuez
croire qu'il me fût auantageux de tra-
uailler fur vn fujet fi bien difpofé, &
que ie n'eus pas grande peine à le pre-
parer à la mort, & à s'abandonner à
Dieu auec vn detachement du monde
fi entier & fi parfait qu'on ne pouuoit
pas defirer danantage de luy dans cét
eftat ou il perfeuera iufqu'a la fin, mais
auec tant de fidelité que fentant les ap-
proches de la mort qui ariua enuiron
la minuit du Mercredy au Ieudy, ie
vous puis dire qu'il s'applica fi forte-

ment à Dieu, que la violence de son
mal qui n'eſtoit point mediocre ne fût
pas cappable de l'en ſeparer iuſqu'à ce
qu'il perdit la connoiſſance & la liberté de la parolle, qui fût pour le plus vn
quart d'heure auant qu'il rendit l'eſprit
par vne mort que ie croy certaine-
ment auoir eſté precieuſe deuant Dieu.

Quelque temps aprés ſes funerailles
Monſieur voſtre frere de Narcy me
vint trouuer icy où i'eſtois encore re-
ſté pour y preſcher l'Octaue du Saint
Sacrement, & me dit qu'on entendoit
du bruit en ſa maiſon, qui effrayoit
toute ſa famille. A vous dire le vray ie
ne fis pas grand cas de cette relation,
& ie la pris pour l'effet d'vn eſprit e-
ſtonné & preuenu de quelque peur qui
eſt aſſez ordinaire aux lieux & aux perſonnes où quelqu'vn eſt mort. Mais la
noüuelle m'eſtant confirmée par d'autres qui dans l'entreſuitte du temps
m'en donnoient auis, ie me propoſay
d'y aller moymeſme ſitoſt que i'aurois
acheué mes ſermons de l'Octaue, &
iugeant que cette affaire pourroit auoir
de la ſuitte i'en informay Monſeigneur

de Chaâlons qui m'enuoyâ inceſſa-
ment aprés la commiſſion pour en
connoiſtre, en dreſſer procez verbal,
& faire ce que l'Egliſe ordonne en pareilles vexations à la reſerue pourtant
de dire la meſſe dans la maiſon, ſans
vn ordre plus ſpecial. En execution de
cét ordre ie vay à Narcy, ie rrouue non
ſeulement la famille, mais auſſi tout le
voiſinage en frayeur, au ſujet de ce
bruit qu'on auoit entendu à diuerſes
fois. La premiere nuit ſe paſſe ſans al-
larmes: mais des le lendemain pendant
que ie diſois la Meſſe en la paroiſſe, ce
bruit ſe fait entendre comme auparauant, on me le vient dire à l'Egliſe, ie
ſors en diligence pour y courir: à peine fus-ie hors le cimetier, que i'entens moy meſme par trois diuerſes fois
en l'air, & au-deſſus de la maiſon vn
ie ne ſçais quel ſon violent, fort, &
qui à quelque choſe d'vn mugiſſement
d'vn bœuf: enfin, comme dit l'Eſcri-
ture, *tanquam ſpiritus vehementis.*
Trente perſonnes eſtoient dans la maiſon qui l'eſcoutoient. L'aprés diſnée ie
commence l'inſtruction du procez, au-

quel près de vingt perſonnes depoſent,
& affirment auoir entendu cette voix,
les vns dans la cour, les autres dans les
eſtables, qui dans le iardin, qui dans
la campagne, & en differens endroits.
Le ſoir i'ordonne le ieune & la Com-
munion, pour le lendemain à toute la
famille. La nuit ie couche dans la
chambre où tout le monde eſtoit ra-
maſſé. Enuiron les vnze heures ce
bruit commence à ce faire entendre
vne, deux, & trois fois, ſe iettant à la
troiſiéſme fois ſur la feneſtre, qui
eſtoit tout proche de moy : en meſme
temps ie ſors en la cour, & ie fais les
Exorciſmes, on n'entend plus rien. Il
eſt à remarquer qu'auant qu'on ſe cou-
chaſt, i'auois reconnu & fermé toutes
les auenuës de la maiſon, car ie ſuis
aſſez meſfiant de mon naturel, ſpecia-
lement en pareilles choſes, & ie trouuay aprés ce bruit toutes les choſes
comme ie les auois miſes : Le lendemain ie benis toute la maiſon, comme
il eſt ordonné en pareilles vexations
dans le Rituel, & nous demeurâ-
mes en repos deux iours & deux nuits:

mais la troifiefme ce bruit recommença à fon ordinaire, & aprés auoir hurlé, il fe iettoit chaque fois aprés les feneftres auec vn tracas, qui fembloit mettre tout en pieces & en morceau : deux iours aprés nous l'entendifmes de iour tantoft en vn endroit & immediatement aprés dans vn autre fort efloigné, de façon tout bien confideré, & ferieufement examiné, ie ne doute point que cela ne foit l'operation d'vn Efprit. Aprés auoir efté huit iours à Narcy à examiner cette affaire auec toute la circonfpection poffible, ie ferme le procez verbal, pour l'enuoyer à Monfeigneur de Chaalons, en le priant de permettre qu'on dift la fainte Meffe dans la maifon, & en fuitte ie m'en retourneray en mon Conuent de Chaumont, où ie demeurois pour lors. Monfeigneur de Chaalons, fur ce que ie luy auois reprefenté, ordonna qu'on diroit vne neuuaine de Meffes dans la maifon, ce qui a efté fait & à la feptiefme on affure que l'Efprit a parlé, & en fubftance demandé l'execution de fon reftament. Ie ne vous di-

ray rien de cela, car ie n'y estois pas,
mais la chose est attestée par Monsieur
vostre frere & Mademoiselle vostre
belle sœur, & quatre domestiques qui
estoient dans la Chambre, & qui l'ont
deposé dans vn second procez verbal
qui en a esté fait. De sorte que cette
derniere circonstance iointe au temps
que l'on commença d'entendre ce
bruit, qui fut le quattriesme iour aprés
la mort du pauure deffunt, on presume
auec probabilité, que ce deuoit estre
son Ame, & ce d'autant plus que depuis l'execution du testament on n'a
plus rien entendu du tout.

Voila, mon Reuerend Pere, en extrait & par racourcy ce qui est de cette
affaire : vous pouués faire vn fond assu-
ré, que ie vous dis des choses que i'ay
entendu, & dont ie suis si fort persuadé,
que toute la terre ne m'en osteroit pas
les impressions ; ie suis autant &
plus incredule qu'aucun autre en ces
matieres là, mais aprés la discussion
que i'en ay fait auec toutes les circons-
pections possibles il seroit malaisé de
me conuaincre d'erreur & d'imagina-
tion.   Voylà

Voilà mot pour mot ce qu'en escrit le Pere Nicolas de Morancour Predicateur Capucin dans vne lettre, que i'ay bien voulu rapporter pour estre d'vn tesmoignage irreprochable, & dans la personne pour sa qualité de Religieux Prestre, & dans son narré pour auoir esté tesmoin oculaire. Il ne reste pour la confirmation entiere de la presente histoire, que de rapporter fidelement les procez verbaux qui ont esté dressé à ce suiet, par l'authorité & l'ordre de Monseigneur l'Illustrissime Euesque de Chaalons.

CHAPITRE XIX.

Procez verbal confirmatif de cette histoire.

IE ne rapporte point icy le premier procez verbal qui fut fait, pour estre enuoyé à Monseigneur de Chaalons, ne faisant mention que des bruits entendus par tous ceux du voisinage, desquels plus de vingt signerent & at-

G

testerent le fait, afin que sur ce fond
ce grand Prelat permist tout ce qui a
esté rapporté en detail. Celuy-cy e-
stant plus particulier & plus considerable, i'ay creu que le Lecteur se laisse-
roit plustost persuader aprés la confirmation des tesmoins irreprochables.

Ce iourd'huy sixiesme de Iuin 1663.
est comparu deuant nous Claude
Braucourt Maire de Narcy, le R. Pere
Nicolas de Morancourt Predicateur
Capucin, lequel nous a dit qu'en suite
des plaintes portées à Monseigneur de
Chaalons par plusieurs particuliers de
Narcy, & notamment du Sieur Estienne Bugnot Gentil-homme ordinaire
de la Chambre du Roy, que depuis la
mort du Sieur André Bugnot son frere
ariuée le dixiesme de May audit an enuiron la minuit en la maison dudit Sr.
Bugnot, audit Narcy; on y a oüy & en-
tédu par plusieures & diuerses fois vne
voix plaintiue & bruyante, sans neantmoins que rien soit apparu, y ayant
mesme eu transport de meubles de lieu
à autre dans ladite maison. Il a receu
ordre dudit Seigneur Euesque, qu'il

nous a fait voir datté à Chaalons le
quatriefme dudit prefent mois, & an-
fuiuant laquelle requefte & ordre dud.
Seigneur, auons ordonné qu'il fera
par nous informé conformement audit ordre: & à laquelle information a-
uons procedé en la prefence de Meffire
Iean Varnier Preftre & Curé dudit
Narcy, & fait rediger la depofition
des tefmoins par noftre Greffier ordinaire en la maniere qui s'en fuit.

Premierement.

Damoifelle Ieanne du Buiffon
femme dudit Sieur Eftienne Bugnot, aprés ferment par elle fait, a dit
eftre âgée de quarante ans, & depofé
que depuis le decés du Sieur André
Bugnot fon beau-frere, elle a oüy par
quantité & diuerfes fois de nuit, pref-
que toufiours entre onze heures & minuit grand bruit dans ladite maifon,
notamment dans fa chambre, aux feneftres defquelles elle a oüy frapper
plufieures fois, & enfuite entendu vne
voix plaintiue & bruyante, durant plus

G lj

d'vne heure à diuerses reprises, a oüy
pareillement ladite voix depuis ledit
decez par plusieures & diuerses fois en
plain iour, tantost en la grange du logis, & dans le mesme temps dans vne
bergerie, tantost au jardin, & aussitost
dans les greniers de la maison, & presque tous les iours ; declarant ladite
Damoiselle deposante, que cette voix
s'estoit reglée particulierement à reuenir deux fois la semaine les nuits, pareilles qu'il fut blessé, & celles où il
mourut : c'est à dire la nuit du Dimanche au Lundy, & celle du Mercredy
au Ieudy, & qu'elle n'a iamais rien entendu, que ceux qui estoient auec elle
n'entendissent les mesmes choses. Qui
est tout ce qu'elle sçait dudit fait, &
s'est sousignée sur la minutte auec
paraffe.

Ieanne Treuuret seruante domestique dudit Sr. Estienne Bugnot, aâgée
de cinquante-huit ans ou enuiron, tesmoin produitte comme la precedente,
laquelle aprés serment par elle fait de
dire verité, a dit & deposé, que depuis
le decez du Sieur Bugnot, elle a par

plusieures & diuerses fois oüy du bruit
dans la maison dudit Sieur Bugnot son
Maistre, en plusieurs & differans lieux
d'icelle, & mesme vne voix plaintiue
& bruyante, tant de iour que de nuit.
Que le 2 iour du present mois, estant
couchée dans la chambre de ladite Damoiselle du Buisson par son ordre, enuiron les onze heures du soir, ladite
voix s'estant faite entendre, & y ayant
eu grand bruit aux fenestres, ladite
Damoiselle du Buisson en frayeur l'auroit eueillée, commandé de voir aus-
dites fenestres si elle pouroit voir quelque chose. A quoy ayant obey, & pris
de l'eau benitte s'approcha desdites fenestres, & ayãt ouuert les volets d'icel-
les, auroit apperceu vne figure d'homme, les coudes appuyés sur ladite fenestre : ce que voyant elle se seroit reti-
rée après auoir ietté de l'eau benitte,
& entendit encore plusieurs fois cette
voix bruyante dans la cour qui venoit
tousiours finir son bruit auprés desdites fenestres. Declarant ladite deposante auoir oüy du bruit presque dans
tous les endroits de la maison, mesme

ladite voix plaintiue. Et que le iour de
Pentecofte eftant dans le iardin de ladite maifon, coupant de l'herbe enuiron les dix heures du matin, elle oüit
vne voix qui luy dit en ces termes,
Ieanne tu te damnes. A quoy ayant
reparty, pourquoy cecy eft neceffaire,
nous auons vne befte malade. Tu
mens luy repliqua cette voix, tu te
damnes, il eft plus de iours que de femaines : dont ladite feruante demeura fort efpouuentée. Qui eft tout ce
qu'elle a dit fçauoir, & declaré ne fça-
uoit figner. (Vous fçauré mon cher
Lecteur, que cette feruante eft morte,
peu de mois aprés dans cette mefme
année.)

Eftienne Bugnot Gentil-homme ordinaire de la Chambre du Roy, &
Enfeigne de la Compagnie de Morte-
paye, entretenuë au Chafteau de faint
Dizier, & frere du deffunt, demeurant
à Narcy, aagé de quarante & vn an,
lequel aprés ferment par luy fait de
dire verité, a dit & depofé, que depuis
le decez du feu André Bugnot fon frere, eftant dans fon iardin le 25. du

mois de May dernier, enuiron sur le 5.
à six heures du soir , il auroit entendu
dans vne des chambres hautes de sa
maison vne voix bruyante & tonnante
par deux fois consecutiues , en espace
de moins d'vn demy quart d'heure,
aprés estant en la compagnie de Maistre Iean Maillot Chirurgien demeurant à Narcy , il auroit entendu ladite
voix bruyante & tonnante , en vn endroit de la maison proche de la Bergerie deux autres fois consecutiues. Ce
qui obligea ledit Sieur Bugnot de faire
vn pelerinage à nostre Dame de Liesse,
& à son retour il a entendu cette mesme voix reuenir de nuit sur les onze
heures & minuit bruyante & tonnante , & frapper aux fenestres. Qui est
tout ce qu'il a dit sçauoir de ce fait , &
a signé sur la minutte auec paraffe.

Dame Elizabath de Perignon femme & espouse de Philibert de S. Vincent , Escuyer Seigneur de le Tour de
Narcy , y demeurant aagée de quaren-
te ans ou enuiron , aussi tesmoin produitte comme les precedens , laquelle
aprés serment par elle fait ; a dit & de-

G iiij

poſé, que le Ieudy dernier du mois de
May dernier, Octaue du S. Sacrement,
elle eſtant allée à la maiſon dudit Sieur
Eſtienne Bugnot rendre viſite à ladite
Damoiſelle du Buiſſon ſa femme, elle
auroit oüy par diuerſes fois, enuiron
les 4. heures aprés midy vn grand
bruit, & vne voix bruyante & eſton-
nante, tant au-dedans de la chambre
qu'au iardin, ce qui l'auroit obligée de
s'en retourner. Qui eſt tout ce qu'elle
a dit ſçauoir deſdits faits, & a ſigné
ſur l'Original.

Maiſtre Iean Maillot Chirurgien
dudit Narcy, aagé de quarante ans ou
enuiron, teſmoin produit comme les
precedens, lequel aprés ſerment par
luy fait, a dit & depoſé, que le vingt-
cinquieſme du mois de May dernier
luy eſtant allé en la maiſon du Sieur
Bugnot, pour quelques affaires qu'il
auoit auec ledit Sieur. Ledit Maillot
eſtant paruenu dans le iardin qui eſt au
derrier d'icelle, où eſtoit pour lors le
Sieur Bugnot, il auroit entendu par
deux diuerſes fois vn grand bruit d'vne
voix bruyante & plaintiue, & eſton-

nante au dedans de la maison & à la bergerie. Qui est tout ce qu'il a dit sçauoir desdits faits, & a signé sur la minutte auec paraffe.

Nicolas Crion Vigneron demeurant Narcy, aagé de 49. ans ou enuiron, aussi tesmoin produit comme les precedens, lequel aprés serment par luy fait de dire verité, a dit & deposé, que le iour de Dimanche dernier iour du present mois & an, luy estant assis au - deuant de la maison dudit Sieur Estienne Bugnot, enuiron les quatre ou cinq heures aprés midy, il auroit entendu vne voix plaintiue & bruyante au-dedans des chambres hautes de ladite maison, qui commença par deux diuerses fois. Qui est tout ce qu'il a dit sçauoir, & a signé sur la minutte.

Du 7. Iuin audit an 1663.

François Odinot Laboureur demeurant à Narcy, aagé de 35. ans ou enuiron, aussi tesmoin produit comme les precedens, lequel aprés serment par luy fait de dire verité, a dit & deposé, qu'estant en la maison qui est proche

& ioignant celle dudit Sieur Estienne
Bugnot , le 26. iour du mois de May
dernier , & le iour d'hier sixiesme de
Iuin , il auroit entendu vne voix
bruyante & effroyable au-dedans du
logis dudit Sieur Bugnot , qui dura vn
assez long-temps. Qui est tout ce qu'il
a dit sçauoir desdits faits , & a signé
sur la minutte auec paraffe.

Nicole Varnier femme de François
Odinot Laboureur demeurant à Narcy aâgée de 30. ans ou enuiron , aussi
tesmoin produitte, laquelle aprés serment par elle fait de dire verité , a
dit & deposé , que depuis le decez de
deffunt André Bugnot, elle auoit oüy
& entendu par plusieurs fois vne voix
plaintiue & bruyante , au-dedans de
la maison dudit Sieur Estienne Bugnot
en diuers endroits, tátost en la grange,
tantost en la bergerie, de iour de nuit,
& autres lieux de ladite maison , sans
neantmoins qu'aucune chose luy soit
apparu. Qui est tout ce qu'elle a dit
sçauoir,& a declaré ne sçauoir signer.

Iean Rousselot seruiteur domestique
dudit Sieur Estienne Bugnot , aagé

de 45. ans ou enuiron, aussi tesmoin
produit comme les precedens, lequel
aprés serment par luy fait de dire verité, a dit & deposé, que depuis le decez
dudit André Bugnot, il a par plusieures
& diuerses fois oüy du bruit dans la
maison dudit Sieur Bugnot son Maistre, & ce tant la nuit que le iour en
plusieurs & differens lieux d'icelle,
mesme vne voix bruyante & tonnante,
qui l'auroit mesme quelquefois fait
sortir de la chambre de peur, sans
neantmoins qu'aucune chose luy soit
apparuë. Qui est tout ce qu'il a dit sçauoir desdits faits, & a declaré ne sçauoir signer.

Henry Charpentier dit Mogneuille
seruiteur domestiques dudit Sr. Bugnot, aagé de 37. ans ou enuiron, aussi
tesmoin produit, lequel aprés serment
par luy fait de dire verité, a dit & deposé, que depuis le decez du Sieur
André Bugnot, il a par diuerses fois
oüy du bruit dans la maison de son
Maistre, mesme entendu vne voix
tonnante, tant de iour que de nuit, &
que le iour de Lundy dernier 4. du

prefent, mois de Iuin, luy eftant dans
la caue de ladite maifon, tirant du vin
enuiron les dix heures du foir, il oüit
vne voix au-dedans de la caue, qui luy
dit par trois fois Mogneuillé, & neantmoins n'auoit veu ny aperceu aucune
perfonne. Qui eft tout ce qu'il a dit
fçauoir , & a figné fur la minutte
auec paraffe.

   Marie Saget femme dudit Henry
Charpentier dit Mogneuillé, aagée de
26. ans ou enuiron , auffi tefmoin
comme les precedens , laquelle aprés
ferment par elle fait de dire verité, a
depofé qne depuis le decez dudit feu
Sieur André Bugnot, ariué le dixiefme
iour de May dernier, elle a par plufieurs & diuerfes fois entendu vne
voix bruyante & tonnante dans la
maifon du Sieur Bugnot, en plufieurs
endroits & differens lieux, mefme en
la grange , bergerie , & iardin , qui eft
au-derrier de la maifon, & mefme la
nuit de ce iourd'huy elle a entendu
frapper par trois fois contre les vitres
des feneftres de la cuifine dudit logis.
Qui eft tout ce qu'elle a dit fçauoir

defdits faits , & declaré ne fçauoir
figner.

Et plus bas eft écrit fur la minutte fait
fous noftre figne, & celuy dud. Sr. Varnier Prefttre Curé, François Bouffenot
Greffier , & Me. François Colleçon
Recteur des Efcolles dudit Narcy , les
iours & an cy-deuant dits. Signé enfin
en la minutte des prefentes I. Varnier,
François Bouffenot , C. Braucourt,
François Colleçon auec paraffe.

CHAPITRE XX.

*Autre procez verbal du quatriéme de
Feurier 1664.*

L A raifon pour laquelle le prefent
procez verbal n'a pas efté fait
confecutiuement aprés le precedent
du 6. & 7. de Iuin dernier en eft tel.
Le Sr. Bugnot s'eft trouué obligé enfuite de fes promeffes au deffunt d'aller auffitoft aprés l'execution du teftament dans le pays, à Paris pour va-
quer aux autres affaires qui luy

auoient esté pareillement recommandées, où ayant passé plus de 3. mois, & estant de retour le R. Pere François de Chaumont Capucin qui auoit receu l'ordre de Monseigneur de Chaalons de faire la neuuaine des messes, & de faire dresser le procez verbal estant tombé malade ne pût s'acquitter de sa commission iusqu'à ce iour.

Suitte de l'histoire par le procez verbal.

CE iourd'huy quatriéme du mois de Feurier mil six cens soixante & quatre s'est presenté deuant nous Claude Braucourt Maire de Narcy, le R. Pere François de Chaumont Capucin enuoyé exprez par l'ordre de Monseigneur de Chaalons, lequel nous à requis de dresser nostre procez verbal des bruits continuels qui s'estoient passez en la maison du Sieur Estienne Bugnot touchant cét esprit qui estoit reuenu depuis le dernier procez verbal du 6. & 7. de Iuin 1663. comme aussi de l'ordre qu'il auoit eu

de mond. Seigneur de Chaalons de venir commécer vne neuuaine de Messes
qui auoit esté achéuée par le Sieur
Curé de Narcy. Des miraculeux effets
de ce diuin sacrifice qui ont obligé cét
Esprit à parler, de ce qu'il a dit, & de
tout ce qui s'est passé en laditte Maison. Ce que nous Claude Braucourt
auons octroyé audit R. Pere François
Capucin, enuoyé exprez de Monseigneur de Chaalons, & auons procedé
en la maniere qui s'ensuit.

Le iour & an cy dessus est comparu
par deuant nous le Sieur Estienne
Bugnot lequel aprés serment par luy
fait de dire verité à dit & deposé que
depuis le dernier procez verbal fait le
septiéme iour de Iuin 1663. cét Esprit
n'auoit point cessé de reuenir, & de
se faire entendre presque tous les iours
& les nuits, mais particulierement
deux fois la semaine, sçauoir la nuit du
Mercredy au Ieudy, & la nuit du Dimanche au Lundy, toufiours entre
onze & minuit, que ce bruit commen-
çoit par vne voix bruiante & tonnante, & puis venoit frapper aux fenestres

auec telle violence que le plomb des vitres estoit tout égratigné, reiterant ces battemens iusqu'à cinq & six fois, & duroit ce bruit prez d'vne heure; que le vingt-sixiéme de Iuin 1663. le R. P. François de Chaumont Capucin enuoyé expres par Mondit Seigneur de Chaalons auroit commencé à faire la neuuaine de messe, & le l'endemain ce R. Pere entendant venir cét esprit l'auroit exorcisé & interpellé de parler, ou faire connoistre ses volontez, ce qu'il n'auroit neantmoins fait, & a la quatriéme messe qui fût le trentiéme dudit mois la nuit du Dimanche en entrant au Lundy cét Esprit seroit venu à son ordinaire auec sa voix bruiante & tonnante, & frappemens de fenestres, estant pour lors ledit Sieur Bugnot aux champs pour quelques affaires, ny restant en la maison que Damoiselle Ieanne du Buisson sa femme, son fils, vne fille du lieu de Narcy, & deux seruantes, lesquelles auroient entendu aprés le bruit cessé vne voix appeller ma sœur ma sœur, & ensuitte plusieurs autres

choses

chofes qu'elle ne pouuoient comprendre, la peur les ayant faifis tellement qu'elles n'oferent rien répondre, fi bien que cét Efprit ceffa de parler & s'en alla auec fa voix bruyante & tonnante. Lequel Sr. Bugnot eftant de retour, ayant eu auis de ce qui s'eftoit paffé, refolut de mieux obferuer cét Efprit que iamais. Or le Ieudy fuiuant qui eftoit le 5. du mois de Iuillet, & qui n'eftoit pas le iour ordinaire de cét Efprit, la nuit en entrant au Vendredy entre vnze heures & minuit ledit Sieur Bugnot, fa femme, fes valets, & feruantes eftans tous couchez dans ladit te Chambre auroient efté eueillez par cette voix bruyante & tonnante à fon ordinaire. Ce que le Sieur Bugnot entendant commanda de ne dire mot & d'allumer plufieurs chandelles, & a chacun de prier Dieu, & de là s'en alla aux feneftres où les frappemens fe faifoient, & ayant ouuert les vanteaux defdits feneftres émeu de colere commença à dire ces mots à cét Efprit, que c'eftoit vn Sorcier, vn Magicien, vn mefchant Efprit qui venoit pour

H

luy troubler son repos & luy causer
quelque desordre en sa maison, & qu'il
se moquoit de luy, & de tous ses bruits,
que la confiance qu'il auoit en Dieu le
mettoit en seureté, & qu'il eust à se
retirer : que s'il estoit vn bon Esprit
qu'il eust à luy declarer ses volontez.
Et ayant refermé les vanteaux il se seroit mis proche de l'Autel à genoux, &
prié Dieu. Il n'y fut pas plustost que
le bruit de cét Esprit cessant il entendit à vne fenestre au dessous de celle
ou frappoit cét Esprit ordinairement
vne voix de la mesme façon que la
precedente (à ce que luy asseurerent
ses gens) prononcer ces mots ; mais
comme d'vne personne qui souffre, hé
mon Dieu ! hé mon Dieu ! Ce qu'ayant
entendu ledit Sieur Bugnot, s'approchant de ladite fenestre, où cette voix
se faisoit entendre, luy dit auec plus
de douceur, hé bien puisque ie vous
entend prononcer le S. Nom de Dieu,
cela me donne esperance que vous n'e-
stes pas vn mauuais esprit, ainsi dites
nous vos volontez, & nous tâcherons
vous soulager en ce qui nous sera pos-

fible , en cas que vous foyez vn bon
Efprit , autrement ie renonce à tout ce
que ie vous dits. A mefme temps cette
mefme voix recommença par plufieurs
fois, mon frere , mon cher frere : &
dit en fuitte beaucoup de chofes, que
moy Bugnot ie ne pus bien entendre,
finon ces mots, que l'on execute mon
teftament , & puis ie feray bien heureux. Et comme cette voix eftoit diffi-
cile à entendre, ledit Sieur Bugnot luy
reeitera plufieures fois qu'il n'entédoit
pas bien diftinctement ce qu'il luy difoit , & qu'il prift peine de fe faire
mieux entendre : cette voix continuoit
toufiours de parler, & tous ceux qui
eftoient dans la chambre entendòient
toufiours qu'il difoit que l'on execu-
taft fon teftament , & qu'il feroit bien-
heureux. C'eft pourquoy pour ne rien
obmettre de ce que i'ay creu deuoir
faire, pour le foulagemét de cette Ame,
& ne voulant pas perdre vn temps fi
precieux, ie dis à cét Efprit qu'il efcou-
taft bien ce que ie luy allois dire en cas
qu'il fuft vn bon Efprit , & l'Ame de
feu mon frere André Bugnot, depuis

peu decedée, que ie proteſtois d'executer ce que ie luy allois promettre ; que
ſi c'eſtoit vn mauuais eſprit, ie renon-
çois à tout à ce que ie diſois ; I'entens
bien que vous me parlez de voſtre teſtament, dont ie ſuis Executeur, ie
vous promets que demain à l'iſſue de
la Meſſe qui ſe dira icy à voſtre intention, i'iray à ſaint Dizier executer voſtre teſtament de point en point, &
que ie ne ceſſeray point qu'il ne ſoit
acheué, à la reſerue neantmoins de ce
que vous auez donné à ma ſœur & à
moy, puiſque cela pouroit cauſer
quelque procez entre nous & les autres heritiers, nous en demettans vo-
lontiers, & ne laiſſant vous en eſtre
obligez. Pendant que moy Bugnot ie
parlois, cette voix eſcouſtoit, & ayant
ceſſé de parler, cette meſme voix recommença, mais fort diſtinctement à
dire, à Dieu mon frere, par trois fois,
& cette voix s'en alla ſans faire aucun
bruit, & depuis cela on n'a rien entendu dans ladite maiſon, au contraire ie
reſtay, & tous ceux qui eſtoient auec
moy dans la chambre fort conſolé de

cét Efprit, & toutes les peurs & craintes furent entierement diffipées : & ce
fut à la feptiefme Meffe que cette voix
parla, les deux autres furent acheuées
& dites les iours fuiuans. Defquels dits
& declarations cy-deffus auons O-
ctroyé acte pour feruir & valoir ce que
de raifon. Le tout aprés que ledit Sieur
Bugnot, & la Damoifelle du Buiffon
fa femme ont affirmé & attefté, ce que
deffus eftre tres-veritable; comme ont
auffi fait Henry Charpentier & Marie
Saget fa femme, Ieanne Treuuret,
& Chriftine de faint Vincent leur valets & feruantes, & fe font lefdits Sieur
Bugnot & Damoifelle du Buiffon fa
femme, & ledit Charpentier fouffignés
auec nous Iuges fufdits ; & Maiftre
Iean Varnier Preftre & Curé dudit
Narcy , & Maiftre François Colleçon
Greffier, à ce commis les iours & an
que deffus.

Signé enfin en la minutte Iean Varnier ; Eftienne Bugnot, Ieanne du
Buiffon, C. Braucourt, Henry Charpentier, & François Colleçon auec
paraffe.

Et au bas de la copie sur laquelle a
esté extrait ce present transcrit, pour
seruir de copie cecy est escrit. Les pre-
sentes copies cy-deuant escrites, ont
esté extraites de leurs Originaux par
nous Iuges susdits, ledit Sieur Bugnot,
Maistre Iean Garnier Lieutenant en la
Iustice dudit Narcy, soussignés auec
nostre Greffier ce ionrd'huy 14. Feurier
mil six cens soixante & quatre. En foy
dequoy auons signé Bugnot, C. Braucourt, Iean Garnier, Colleçon
Commis.

Aprés des veritées si attestées, & si
discutées, il me semble qu'à moins de
passer dans la derniere incredulité, &
d'estre Escollier des pretendus refor-
mateurs de l'Eglise, qui ne veullét rien
croire, que ce qui tombent sous leurs
sens, il faut se rendre à cette verité,
qui ne peut estre dauantage affirmée,
que par ces Extraits cy-dessus rappor-
tez, capables de conuaincre les Athées,
& de confondre les Heretiques de ce
temps, ou les obliger à se rendre aprés
auoir connu les effets du tres saint Sacrifice de la Messe, des bonnes œuures

& des prieres meritoires aprés la mort,
qui pour cét effet nous doiuent mou-
uoir à imiter S. Augustin aprés la mort
de nos parens, comme il dit auoir fait
aprés la mort de sa Mere S. Monique,
ie versay des larmes plus du cœur que
des yeux, & offrant le S. Sacrifice de
l'Autel, i'en offrois vn autre d'vn cœur
tout brisé de douleur, i'assechois mes
yeux pour augmenter la douleur interieure : & dans ses Confessions, il con-
iure tout le monde qui les lira, d'offrir
le Sacifice des prieres pour cette bonne Mere.

CHAPITRE XXI.

Reflection & conclusion

QViconque fera vne serieuse re-
flection sur cette histoire, ne
poura qu'il n'en conçoiue de veritab-
bles sentimens, & qu'il ne se laisse ai-
sement persuader, & conuaincre de la
verité aprés tant de tesmoignages as-
seurez. L'Ange des Escolles S. Tho-

mas remarqué la difference qu'il y a
entre les bons & mauuais Esprits, c'est
que les mauuais donnent au commencement vne fausse consolation, & a
la fin laissent dans des terreurs qui sont
souuent suiuies d'autres maux ; & les
bons au contraires, causent quelques
frayeurs au commencement, mais fi-
nissent par des consolations veritables,
c'est ce que l'on voit en cette histoire,
en laquelle on remarque encore que
les enfans de la maison quoy qu'ils
fussent en vn aage sujet a la crainte
neantmoins ne furent aucunement ef-
frayez des bruits entendus de iour ou
de nuit dans la maison non pas mesme
éueillez.

Mais on s'estonnera qu'vn Caualier
qui n'a quasi iamais fait autre mestier
que celuy de Soldat se soit pu sauuer
ou la plus part des autres se damnent.
La main de Dieu n'est pas abregée, il
se plait a faire quelquefois des coups
de cette nature pour mieux faire connoistre la force de sa grace victorieuse
au milieu de ses ennemys, oüy quelquefois vn Soldat se sauuera ou vn Ec-

clesiastique

clefiaftique fe damnera, & les ignorans
rauiront le Ciel, lors que les fçauans fe
precipitent dans les Enfers. Dieu peut
tirer du miel des Rochers, & des pier-
res, il en peut faire des enfans d'A-
braham, pendant que ceux qui fem-
bloient s'eftre éleués dans le Ciel, fe
voyent par vne funefte cataftrophe
tombés dans vn eftat de reprobation.
Enfin tout coopere en bien à ceux que
Dieu a deftiné à la gloire dans fes de-
crets eternels. D'où vient qu'il per-
met quelquefois mefme des euenemens fi extraordinaires & merueilleux,
fi ce n'eft afin que les viuans en tirent
vn auantage plus grand, que non pas
les morts : Donc s'il fe trouue encore
des athées, qu'ils reconnoiffent icy la
vertu de Dieu, & que les heretiques
ou libertins faffent deformais vn aueu
folennel de leurs erreurs, demeurans
d'accord du purgatoire, où les ames
font purifiées comme l'or dans le creu-
fet des bonnes œuures, qui font auan-
tageufes mefme aprés la mort; de la
fainteté des couftumes de l'Eglife d'offrir à Dieu des fuffrages, pour le fou-

I

lagement dés ames à qui il reste encore
quelque chose à payer aprés cette vie;
Enfin de la vertu de la sainte Messe,
puisque c'est aprés la quatriéme que
cét Esprit a parlé ; & aprés la septiéme
qu'il à pû manifester ses volontés ; Car
aprés cela on n'a plus entendu ces
bruits, la consolation interieure pre-
nant la place à succedé à la frayeur. Ne
desesperōs donc plus en quelque estat
que nous soyōs, quelque conditiō que
nous ayons embrassée, de posseder la
gloire, en nous acquittant dignement
pour Dieu de nos emplois ; puis qu'vn
Soldat à pû se sauuer parmy les tintamares des canons & les distractionsde
l'armée.

EPITAPHE FAIT

A LA MEMOIRE DE

DEFVNCT

ANDRE' BVGNOT.

Par le R. P. de Morancour
Capucin.

Cy gist celuy qu'vne meurtriere
Auoit attaqué frequemment,
Et toufiours inutillement :
Mais elle fçeut fourber fon addreffe guerriere.

Il eft vray qu'elle en fit fa proye :
Mais ce fut vn coup déloyal,
En ce cachant dans vn cheual,
Comme firent les Grecs pour triompher de Troye.

Cette mort doit donner enuie,
Pluftoft qu'vn trifte repentir,
Puis qu'il eft mort comme vn martyr,
Aprés auoir efté comme vn Mars en fa vie.

⁎

page 29. lig. 6. adiouſtez à meſure qu'il.

pag. 31. l. 21. au lieu de circée liſez circé.

pag. 33. l. 15. adiouſtez il aprés voyage.

pag. 39. l. 13. oſtez la aprés en.

pag. 48. l. 6. adiouſtez. aprés que le recit.

pag. 53. l. 4. aprés bruits adiouſtez car l'Eſprit.

pag. 54. l. 10. oſtez le point aprés bruits.

pag. 57. l. 10. oſtez moy Sieur Bugnot.

pag. 62. l. 20. liſez deportans au lieu de deportons.